須藤義人

原郷のニライカナイへ

琉球の魂の聖地・久高島

榕樹書林

斎場御嶽から見る久高島　2005 年

目　次

はじめに

沖縄諸島の中でも神聖視される聖域・久高島。

一九七八年を最後に、神女が誕生する祭祀である〈イザイホー〉が行われなくなった。その後も脈々と受け継がれてきた年中行事には、「シマ」（村落共同体）の成り立ちとそれに伴って形成された世界観、神観念などが息衝《いきづ》いている。しかし担い手である神女たちは減りつづけ、年中行事も簡略化して消えていく危機にあった。旧暦八月の「ハティグァティマッティ」から旧暦一二月の「ウプヌシガナシー」までの年中行事七件のほかに、「十五夜」や「マーミキグヮ」といった行事がある。二〇〇〇年代には二〇件の神事があるとされていたが、筆者が記録することができた祭祀は一五件ほどであった。

ついに、二〇〇八年には神女が三名となってしまった。それでも神役が三名の状態でも存続しつづける年中行事があった。その年中行事とは、旧正月、ピーマッティ、ソージマッティ、ヒータチ、ウプヌシガナシー、三月綱、八月マッティ、ハマシーグ、ハンジャナシー、ソージマッティ、キスクマーイ、ミルクグヮッティ、ウプマーミキ、七月綱、ヤーシーグの一五件である。

毎年の年中行事を司る神女を生み出してきた〈イザイホー〉は、一二年ごとの午《うま》年に行われてきた。二〇〇二年の午年には〈イザイホー〉が行えないことに対し、神々に「わび御願《ウガン》」が行われた。神女が減少し続けたことが影響し、その次の午年である二〇一四年も〈イザイホー〉は行われなかったが、年中行事を維持するために、久高の祭祀制度をNPO法人「久高振興会」、「ゆなぐ会」などが支えていた。

一九六六年の〈イザイホー〉は、芸術家の岡本太郎氏が見学したことでも知られているが、学者やマスコミなど様々な人々が全国から押し寄せてきた。一九七八年の〈イザイホー〉が最後となったが、その時に西銘シズ氏という神女が、写真家の比嘉康雄氏を招き入れて、御嶽《ウタキ》の中の撮影や記録をしていいという許可を出したことで、久高島の祭祀の詳細が現在にも伝えられているのである。

ところで「久高振興会」は、島の振興・自立を目的として、島の男性が中心になって結成したNPO法人である。島のブランド品づくりや久高島宿泊交流館の運営なども行っている。一方で、「ゆなぐ会」は過去に途絶えた「久高婦人会」を再結成した組織である。祭祀の時は、神女を支える役割も期待されている。

二〇〇五年から「久高振興会」を盛り立ててきた内間豊氏（イラブー漁を復活させた元ハッシャ代行）、西銘泰男氏（元区長）は、祭祀において、神女の支え役として活躍していた。また、神女の真栄田苗氏も神職の一人として祭祀の中心的な存在として支えてきた。年中行事の際には、神行事の中心的な役割を果たす「外間根人《ニーチュ》」「ウメーギ」に加え、新たな「神人《カミンチュ》」（西銘亜希氏）も誕生し、旧暦八月の「ハティグァティマッティ」から旧暦一二月の「ウプヌシガナシー」までの年中行事に参加している。旧暦八月以降の七件の年中行事では、十五夜や「マーミキグヮ」のように脈々と受け継がれてきた年中行事を背景として、「シマ」の成り立ちとそれに伴って形成された宗教観が継承されていた。

1　海と島の思想

昔から、久高島では男は「海人《ウミンチュ》」、女は「神人《カミンチュ》」と定められ、島人として生きてきた。そして、月の満ち欠けに基づいた旧暦の暦に沿って、漁撈や祭祀が行われてきた。琉球王朝の時代以降、「神の島」と呼ばれてきた久高島では、一二年に一度の午《うま》年、神女の継承式である〈イザイホー〉が行われてきたが、一九七八年を最後に後継者不足のため、途絶えた。〈イザイホー〉は消滅したが、その〈魂《マブイ》〉と〈願い《ニガイ》〉は地下水脈のように流れ続けている。本書は二〇〇二年から二〇一四年までの一二年間、細々と継承されてきた流転を見続けた備考録でもある。

島の東海岸には礁池である「イノー」が広がっている。逆に、島の西海岸は崖になっている。崖の下には「カー」と呼ばれる井戸が複数あった。海と島に生きる思想の中で、井戸・泉《カー》への信仰が重要であった。かつては暮らしの一番大切な場所であり、日々の生活の水を汲みに、島人たちが上り下りした階段も残っている。

島の北の突端の聖地として、カベール岬がある。また島の中ほどには、クバの木々で覆われた島の最大の聖地である「フボー御嶽《ウタキ》」がある。いずれも、先祖たちの魂が宿っているとされる場所であった。クバは、「フバ」、「フボー」と同義語とされる。

集落より北に点在する畑は、古代と現代を繋ぐ営みの空間でもあると感じられる。島人は先祖代々、サンゴ礁の大地に畑をつくってきた。短冊のように区切られた畑は人々の暮らす集落へと繋がっていた。ところで、「スク漁」は旧暦六月、七月に行われる。「スク」とは、アイゴの稚魚のことである。「スク漁」の時期がやってくると、子どもたちは一緒に海に出て、老人たちの漁の仕方を見ながら、魚の追い込み方を習っていく。

また「ウプヌシガナシー」という、健康・航海安全を祈願する祭祀がある。旧暦二月、島の聖地を巡って祈っていき、泉・井戸の神々に願い、畑の拝所に手を合わせ、そして最後は海の神へと繋いでいく。二組にわかれて拝所を回っていくのであるが、特に重要な祈願が西海岸の井戸である「ヤグルガー」に向かって拝み、島で最初にできた畑である「ハタス」で祈ることである。最後に、島人たちは伊敷浜《イシキバマ》で小石を拾い集め、神人に渡して祈りを込めてもらう。それらの石は一年間の守り石となり、各家庭で大切に祀られる。それらの守り石は一年の終わりに、元の浜へと返されるのが慣わしである。

このような祭祀は「全ての自然に神々が宿っている」という考え方に基づき、自然そのものが神として崇められている。神女たちに加護された久高の男たちは、自分たちの島が小さくてほとんど資源がないため、海人である自らの技術を頼りとして、島外へ出る事が多かった。島の人々の神々への信仰は、日々の暮らしの祈りと自然の循環への感謝で成り立ち、それは海と島に生きる叡智へとなっていった。

2　里海と里森の世界観

沖縄本島から南東に五キロ離れた海上に浮かぶ久高島は、周囲は八キロ、約二〇〇人が暮らす小さな島である。島の東海岸に広がるのが「イノー」(礁池)であり、内海と外海が接するところで、大地が呼吸をしているのを感じられる。昔から島の人たちは、珊瑚礁に囲まれた「イノー」の中で、豊富な魚介類を獲って暮らしてきた。

古来から、漁のたびに踏みしめられた海の道も残っている。

初夏の頃、島の小中学校の行事として、島人が総出で追い込み漁の体験授業を行っている。大人たちの指導のもと、海面を叩きながら魚をおどして、仕掛けた網へと追い込んでゆく。この追い込み漁は東南アジアから南太平洋一帯にわたって、昔から行われている漁のやり方とも類似している。

島の北部には、古代人の住居跡があった。海から渡ってきた島人の先祖はまず、海に近い森で暮らし始めたとされる。先祖たちによって貝塚ができ、その傍には、木々の中にひっそりと先人たちが暮らした井戸の跡が見られ、大切な聖域として祀られていた。先祖たちは、このような自然の木々を活かした場所に家々をつくり、雨風から身を守って暮らしていたのである。

先祖たちは、木を組んでクバ（ビロウ）の葉を葺《ふ》いて庵とした。〈イザイホー〉の時に建てられる仮小屋は「七つ屋」と呼ばれ、その庵が再現されている。その棲《す》み家は、島々の風土にあった住居建築へと進化し、風が通りやすく、開放的な作りの家屋となっていった。その庭先で親子が水浴びをする夏の風景は、かつては琉球諸島のどこにでもあった風景であろう。子どもたちは海や森でも遊び回り、時には森の妖精である「キジムナー」を想像しながら、遊んでいたことであろう。自然と人々が行き交う情景に、琉球の人々の原風景があったのである。

その原風景にある海は誰のものか。そして、森は誰のものか……。

その問いには、森と海に生きる思想、つまり〈神話的な思考〉が必要となろう。それを本書では「霊性のコモンズ」と名づけ、琉球諸島の島人たちが森と海に如何《いか》に関わり、先祖から伝わる「霊性」（スピリチュアリティ）を大切にして、日々の営みを行なってきたのかに着目してみたい。琉球諸島の島々における「コモンズ」（＝公共資源管理）の諸相を見ていくには、人間が自然に関わるための「生態智」という概念が手掛かりとなるからである。

例えば、久高島では集落が南端のわずかな部分に集中して、北側は神の領域とされていて、聖俗の境界線が強く意識されている。だからこそ、島の土地は「総有制」と言って、個人の持ち物ではなく、神様からの預かりものとされ、私有地としての売り買いが出来ない。そして、この島は琉球の祖神である「アマミキョ」が初めて降り立った場所であり、五穀が初めてもたらされた場所でもあるとされ、それらの言い伝えが、数多くの創世神話として祭りの中で伝承されているのである。

この島では土地を開発するにしても、字《あざ》の会議と神人《カミンチュ》の了承が必要で、神行事との関係で開発できない場所もある。日本国内では特異な土地制度として残っており、この「総有制」のおかげで、島の北部には豊かな自然が残されているのである。久高島の土地制度は、琉球王朝時代の地割制度が今も受け継がれたものであると言えよう。

かつて琉球王朝は、土地の個人所有を禁じており、年ごとによって耕作地を割り当てる制度（地割制）を設けた。琉球諸島の各集落には、原初的集落の「マキョ」があり、近世期における展開型としての「地割制集落」があった。土地は私有されず、家族構成などに応じて平等になるように、畑地が平等に割り当てられたのである。肥沃な土地も痩せた土地も、平等に配分するために、畑地を細かく区切っていったため、細長い短冊形の耕地が特徴となった。

沖縄本島の西に浮かぶ渡名喜島では、耕地の面積が限られていたので、家族の人数によって土地が厳密に割り当てられたという。この渡名喜島特有の地割を「ユシー」と言う。久高島では畑の間隔を開けて石を並べることで、境界線を明示していた。最終的に地割制が廃止されたのは、一八九九年から一九〇三年のことである。しかし久高島では、二一世紀になった今も地割制が残されることになった。

近年の農業の移り変わりの影響を受けつつも、農業と密接に関わる農耕暦（旧暦）は、集落の祭祀と切り離せなかった。そして土地制度（地割）は農耕暦と人々とを結びつけ、一九五五年ごろ（昭和三〇年代）までは「山原《ヤンバル》」（沖縄本島の北部の森林地帯）の山々の六合、七合あたりまでは耕作地であった。ところが一九六〇年前後（昭和三〇年代後半）から稲作が衰退すると同時に、農耕に関わる祭祀は形骸化していったのである。旱魃《かんばつ》が続いたこともあって水田は畑に切り替わっていき、サトウキビ栽培の普及によって製糖工場が設置されていった。

旧暦（農耕暦）は農業者の身体には染み込んだものではあるが、稲作に従事する人々が減っていき、現代の若者には次第に馴染みのない暦となっている。しかし旧暦は生活の場から離れつつあるが、祭祀の場では受け継がれているのも事実である。沖縄本島で現在も行われている「村踊り」（ムラウドゥイ）もかつての祭祀の一環として行われていたが、豊年祭などの行事が農耕生活と切り離され、イベント化されつつある。

久高島では現在でも、「久高島土地憲章」に基づいて土地が管理され、旧暦によって祭祀の運営を行っている。土地の個人所有をさせない「総有性」を現代生活の中に残していったことを考えると、久高島こそが現代において「霊性のコモンズ」が最も進んだ島かも知れない。久高島を訪れた折口信夫氏（歌人名・釈超空）が「目を閉じて時と所を忘るれば　神代に近き聲《こえ》ぞ聞こゆる」と詠んだとされているが、島の風情からは太古の残照が感じられたのであろう。

かつてより海人《ウミンチュ》たちは、季節風を常に意識しており、六、七ノットで流れている黒潮の変わり目にも敏感であった。今の海人たちも海流のことだけでなく、日々の風に関して、「明日の風は悪い、荒れる」とか、たびたび語っていた。彼らは、日常を通じて風を読んでいるのであった。こうした足跡を探ると、里海と里森を繋ぐ〈アニミズム〉や〈シャーマニズム〉こそが、私たちの意識に「原点回帰」の大切さを教えてくれ、現代の人々の生き方や死に様に関するヒントを提示してくれると思わずにはいられない。海流と季節風に生きる海の民は、琉球諸島の島々が連なる生活圏を往来していた。そこに生きる人々は、自然の生成する生命（いのち）を捉えようとし、神々や祖霊を大切に想ってきたのである。その意思は、人々が人生の終わりに至ることになる死出の旅路、即ち〈魂の旅〉に出立する時まで神霊と繋がっている気がしてならない。

沖縄本島の東に浮かぶ久高島　2005 年

イノー（礁池）へと繋がる伊敷浜　2009 年

昼下がりの久高御殿庭　2006 年

ニラーハラーに向かって祈る神人（ハティグァティ）　2008 年

十五夜に東方に拝む前の待ち時間　2008 年

十五夜の満月に拝む神人　2008 年

3　久高島の宇宙観

久高島の年中行事と「シマ」（村落共同体）の空間構造の関係から、「島人たちの世界観・宇宙観」が浮かび上がってくる。写真家の比嘉康雄氏の認識によれば、久高島は「クニ」とも呼ばれ、「イノー」（礁池）に依存する漁撈採集生活によって成り立ち、生活圏として完結・独立した島共同体でもあり、母と子を中心とする母系社会であったという。久高島の神概念は母系社会に基づいたものであるという仮説は、神女がつかさどる祭祀の世界観や母性原理が強く影響して組み立てられたのかもしれない。

久高島のある南城市は沖縄本島の島尻に位置し、琉球聖地巡礼の「東御廻り《アガリウマーイ》」にゆかりの深い聖地を数多く有している。清らかな自然環境にめぐまれた南城市では、古琉球から琉球王国へと引き継がれてきた御嶽《ウタキ》や城《グスク》が多く、その風土に根づいた精神文化の結晶として、多彩な祭祀・芸能が点々と残っているのである。

それゆえに、海の彼方の異界である「ニライカナイ」から「アマミキョ」が降り立った神聖なる地とも捉えられ、「琉球民族の発祥の地」として崇められてきた。しかし近年、祭祀・儀礼の担い手である「シマ」（村落共同体）が揺らぎ始め、年中行事・伝統芸能も消滅する危機にある。

まずは形骸化が進んでいるとされる祭祀・儀礼・芸能の現状を捉えつつ、「久高島の年中行事」と関連のある、南城市の御嶽信仰と結びつきの深い「来訪神儀礼」「神事芸能」に着目していきたい。久高島の人々が頻繁に往来してきた島尻半島に根ざした祭祀・芸能に目を向ければ、御嶽への人々の想いを把握することができるかもしれない。人々の絆が弱まっている現代社会でも、祭祀・儀礼・芸能を何とか存続しつづけることが「シマ」の人々の結びつきを強める希望になるのかもしれない。

久高島の記録映画を作った映画監督の大重潤一郎氏は、島人のメンタリティ（精神性）は、荘子の言葉と合致していると言っていた。つまり、「陸の風の音を聞いた者は賢者となる。海の風の音を聞いた者は仁者となる」という格言にあるように、陸で領土をせめぎ合ってきた人々は、生き残るために敵を欺く賢さを身につけるという。一方で、海を渡って互いに繋がってきた人々は、穏やかさをもって人間関係を築くという。島人は厳しい自然環境で生きているからこそ、不要に敵を作らない独特の優しさを受けつぎ、ぎりぎりで存続しつづける祭祀を担っている…というのが大重氏の主張である。

久高島の年中行事には、旧暦八月の「ハティグァティマッティ」から旧暦一二月の「ウプヌシガナシー」までの年中行事がある。一九七八年を最後に〈イザイホー〉が行われなくなった後も、脈々と受け継がれてきた年中行事を背景として、「シマ」の成り立ちとそれに伴って形成された民俗概念が息衝《いきづ》いている。旧正月から旧暦一二月の「ウプヌシガナシー」に至る年中行事から垣間見える世界観や神概念は、御嶽や浜、井戸などの聖域との関わりがある。男子禁制を守り続ける「フボー御嶽《ウタキ》」は最も神聖な領域として今も島人に崇められている。

二〇〇二年の旧正月から二〇一四年までの一二年間にわたり、筆者は久高島の姿を見てきた。この島では一年間に二〇回にも及ぶ祭りが行われているとされ（筆者は一五行事を記録）、竜宮の神、季節風、大地に祈り、五穀豊穣と子孫繁栄を願い、古代の祭祀文化が残る「神の島」と呼ばれてきた。この小さな離島を世に知らしめたのは、〈イザイホー〉という祭祀であるが、その祭りは一二年に一度の午《うま》年に行われ、島で生まれ育った女たちが神女になるための継承儀礼であった。三〇歳から四一歳までの女たちが祖母の霊力を受けつぐ。しかし、〈イザイホー〉は一九七八年を最後に消滅した。祭祀の衰退だけでなく、海人にとっては木造漁船の「サバニ」が次々と廃船になって燃やされる苦悩もあったが、休耕地での植物再生の取り組みや、「ハッシャ」と呼ばれる村頭の代行役の復活など、島の人々は再生の糸口をつかんでいった。

二〇〇二年、神女たちは〈イザイホー〉が行えないことに対して、神々への御詫びを懸命に発していた。「わび御願《ウガン》」は、女たちの悲痛な叫びでもあった。祖母の霊力（ウプティシジ）を受け継ぎ、神人となる後継者が不足したため、一九七八年を最後に途絶えてしまった。そして二〇〇八年には、〈イザイホー〉を受けた最後の神人三名が退任した。

しかし男たちの祭りである「テーラガーミ」は残っており、追い込み漁で取れた魚を神々にお供えし、その後で刺身にして、漁に参加した島人たちで分配する伝統は健在である。漁業に関する行事は、漁撈祭祀の神「ソールイガナシー」が司っていて、海人たちの心の依り処になっている。この祭祀は「八月マッティ」（ハティグァティマッティ）の三日目に行い、五〇歳から七〇歳までの男性が参加し、太陽《ティダ》の霊力を受けた男たちが悪霊から島を守るための儀式であるという。ちなみに五〇歳から七〇歳の男性は「ウプシュ」

と呼ばれていて、島人の長老として一目を置かれていた。

「テーラガーミ」の祭りは天と地を繋いでいる「テンノジョウ」という石に、線香と神酒を捧げて祈る事から始まる。その後、「ウプシュ」の長老たちは神酒を頂き、「ティルル」（神歌）を歌い始めた。歌の内容は、太陽《ティダ》の神様が島を守るというものである。

「ティルル」を歌い終わると、年齢順に一列に並び、決められた道を通って「ユーウラヌ浜」に向かう。浜に着いて海に祈りを捧げ、午前中にさばいた刺身と神酒を頂く。「ウプシュ」の人々は「根人《ニーチュ》」を先頭に、浜から「ティルル」を歌いながら久高殿へ向かって行進する。久高殿では神女たちと「グゥルイ」（輪踊り）を踊った。

「ウプシュ」の長老たちは一度家に帰って着替え、「ユーウラヌ浜」に再び集まる。この時、女性は浜には入れず、浜の外で待って刺身をもらう。最後に浜で子供たちの相撲が行われ、女性も浜におりて夕暮れまで賑わう。

女たちの祭祀の祈りと男たちの漁撈の儀式を通じて、一五あまりの年中行事が存続しているのを目の当たりにし、先人の魂が地下水脈のように今も辛うじて息衝《いきづ》いていることを実感した。一二年に一回行われてきた〈イザイホー〉は一九七八年を最後に行われてはいないが、二〇一四年の午年には若い神女が「わび御願《ウガン》」をして、二〇〇八年に引退した神女たちも支えはじめていた。

一方で久高の男たちは、〈イラブー（海蛇）漁〉を再開したり、海ぶどうの養殖を拡げることで時代の流れを捉えていた。海人《ウミンチュ》の見守る中で、役割を終えた古い「サバニ」（小舟）がクレーンで無造作に積み上げられて燃やされ、彼らの暗中模索は始まった。かつて「サバニ」は漁師の暮らしを立てる生命線であり、先祖から続く海人の叡智の結晶でもあったがゆえに、「サバニ」の葬送は男たちの悲哀な眼差しの中で行われていた。また、手づかみを原則としていた〈イラブー（海蛇）漁〉も一時低迷し、〈イラブー漁〉の権利を有していた村頭の「ハッシャ」も担い手がいなくなった。ついには二〇〇三年、漁撈祭祀の神役「ソールイガナシー」は後継者も途絶えた。

久高の島人たちは、このような負の連鎖の中で、窒息しそうな勢いで潮流に飲みこまれつつ、久高島という場所で生き続ける追い風を探していたのである。初夏、梅雨が明けると、島々には季節風の「カーチーベ」（夏至南風）が吹きはじめる時を島人が求めるように、海に生きる人々、また、風で繋がる人々は、八月の祭りで掲げられる旗を見上げる。「クリス」と呼ばれる短剣や「ムカリバタ」（ムカデ旗）という祭具が竿に括りつけられ、海の彼方から伝わったシンボルを見上げることで、島人は歴史的記憶を祖先まで遡り、黒潮に育まれたアイデンティティを思い起こす機会となる。祭祀を通じて、現代の島人は間歇《かんけつ》遺伝に導かれるままに、「海流」や「風」を感じながら、「遥かなる海人」の血統であることを自覚していくのかもしれない。

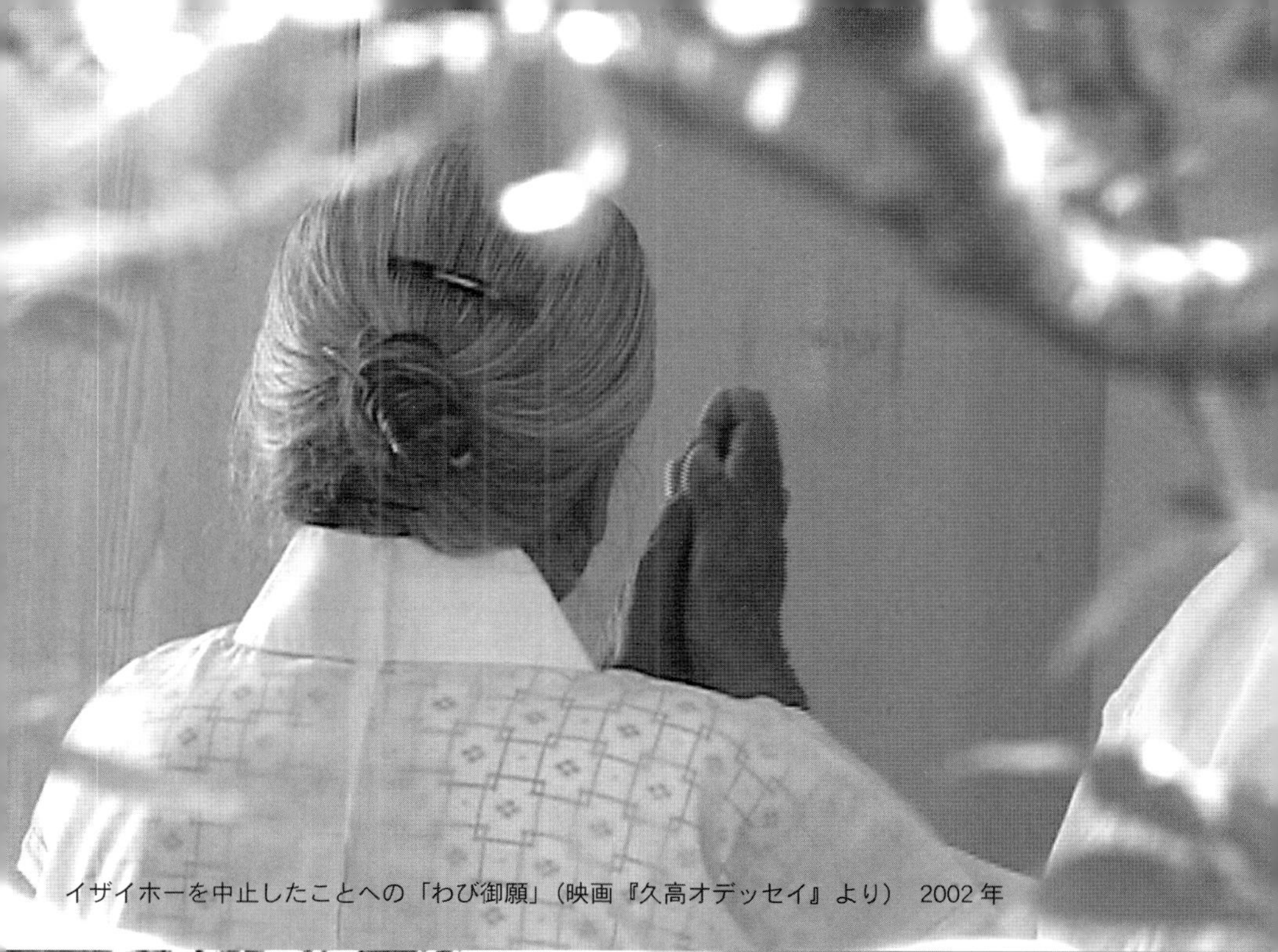

イザイホーを中止したことへの「わび御願」（映画『久高オデッセイ』より） 2002 年

役目を終えて燃やされるサバニ（映画『久高オデッセイ』より） 2006 年

短剣の「クリス」とムカデ旗を括りつけた竿　2008 年

旧正月の二日目のハツウクシ　2010 年

旧正月のハツウクシでくつろぐ海人たち　2010 年

4 御嶽信仰―神界と人界の境界

久高島の集落は南端のわずかな部分に集中し、北側は神の領域とされている。島の北端の聖地は「カベール」（ハビャーン）と呼ばれるが「神の原」という意味であり、白馬の姿をした海神が、このクバの森に降りたったと信じられていた。この場所は、琉球の創った神「アマミキョ」が降り立った聖地であるとも言われている。「フボー御嶽《ウタキ》」、「ナカヌ御嶽」も重要な聖地である。人間界の北限とされる「ボーンキャー」と呼ばれる辻が、神界と人界の領域を分けているのであった。

「ハティグァティ」は健康祈願の祭りである。旧暦八月は「ハティナリキ」とも言われ、一年の中で「悪い月」と考えられている。外間殿では「朝ガミ」（朝拝み）の準備のため、〈スバ〉やミョウブなどが用意されていた。〈スバ〉とはススキと桑の葉を束ねたものである。

朝と夕方、外間殿と久高殿では「ミキウサゲ」（神酒《ミキ》を捧げる儀式）が行われていた。神酒《ミキ》は、竜宮神に仕える「ソールイガナシー」が各家を周り集めていたが、現在は不在のため、各家の人々が持ち寄ってきた。本来の神酒集めでは、「ソールイガナシー」が一五歳の少年二人を伴なって家を回っていた。二〇〇二年を最後に、その形は無くなっていった。かつては、神酒を集める家では、少年が「ソールイガナシー」と盃を交わしてもてなしていた。その後、その家の夫婦が「ソールイガナシー」と盃を交わし、一升枡に柄杓《ひしゃく》でその家の人数分の神酒を集めていたという。

外間殿《ホカマトゥン》には「ハブイ」（草で作った冠）を着けた神女《カミンチュ》たちが集まり、「ミキウサゲ」が行われる。台の付いたお椀は「ウンサク椀」と言い、神酒を配膳するのに使われた。神人や根神に神酒が捧げられると、外間殿に祭られている香炉に向かって祈った。昼間、集落の家々では「夕ガミ」（夕拝み）が行われるまでに家の四隅や物置、トイレなどに「スバサシ」（柴指）を魔除けのために差すのが風習であった。

久高殿でも「夕ガミ」が行われ、「朝ガミ」と同じく「ミキウサゲ」が行われた。島人や里帰りした縁者も久高殿に集まり、静かに神行事を見守っていた。「ミキウサゲ」が終わると神女《カミンチュ》は扇を持って、「ニライカナイ」（ニラーハラー）があるとされる東に向かって四度祈った。この時に使う扇は「ンチャティオージ」と言い、表に太陽と鳳凰、裏に月とボタンの花が描かれていた。最後に「グゥルイ」（輪踊り）を行うが、沖縄本島でいう「ウスデーク」（臼太鼓）を指し、女性が輪になって踊る。かつては「グゥルイ」は神女だけで踊られていたが、それ以外の女性も参加し、「グゥルイ」を残すための新しい試みが行われていた。

旧暦八月一一日は「ヨーカビー」（妖怪日）と呼ばれ、一年で最も悪い日とされ、妖怪や悪霊がさまよう日であると信じられている。神女たちはフボー御嶽《ウタキ》に厄払いに行き、災いを祓う祈願する。この時は、神女は白衣を着ずに、紺色の絣《かすり》の着物姿で心身を清めた。

一方、男たちは久高ノロ家で祈願をした後、「ハッシャ」（村頭）の代行役の内間豊氏と安里豊正氏が赤白の「ムカリバタ」（ムカデ旗）を持ち、集落の北はずれの「ボーンキャー」という辻道で神女たちの帰りを待っていた。そこは、あの世とこの世の境目の空間であるとされた。幼い子供が「ムカリバタ」の小旗を持ち、祖父と一緒に参列するのも慣わしであった。ちなみに「ムカリバタ」とは、ムカデのような形をした三角旗で、周囲のギザギザした形が特徴である。

正午前に神々の世界から人間の世界へと、御嶽巡りから女たちが帰ってきた。この日は島の北部が異界とされ、神女だけしか入ることができない。神女たちは「フボー御嶽《ウタキ》」、「ナカヌ御嶽」をまわって、「ボーンキャー」の前の茂みで頭に「ティサージ」と呼ばれる手拭いを身に付けた。やがて、辻道で待つ島人たちの視線が、北へと続く道の彼方に向けられると、神女の行列が顕れた。「唐舟ドーイ」が鳴り響く中、神女たちはクバ扇で邪気を祓う仕草をしながら、神の領域から集落に向けて近づいてくる。

神女は島人たちに「ボーンキャー」で迎えられ、集落から災いが祓われたことを喜び、「カチャーシー」を舞った。久々、沖縄本島から帰ってきた島人も、神女に招かれるように踊りだす。車椅子の老女も、懸命に「こねり手」で喜びを表した。島人たちは一体となって外間殿に移動し、さらに「カチャーシー」と「グゥルイ」を踊って、神々に厄払いの無事を報告した。

午後から「酒三合」の儀式が始まった。「酒三合」とは、島全体の厄祓いを終えてから、若者たちが三線を弾きながら、家々を回り、酒を三合づつ集める儀式である。家々を回り集めた酒は、久高殿で「夕ガミ」の時に皆に振る舞われる。二〇〇五年の「酒三合」は参加者が少なかったが、「酋長」と呼ばれる西銘徳夫氏の情熱的な三線の調べが儀式を盛り上げた。

かつては島人の男たちが三線を弾きながら、各家々を周っていた。二〇〇六年以降は観光客たちが参加することで、儀式は続けられている。観光客たちも順番に担ぎ手の一人になって「酒三合」の瓶を運び、集落を回った。家々から三合の泡盛を集めるために四時間ほどかけて、「チョンダラー」（道化役）のような足取りで歌いながら練り歩いた。最後に、一行は集めたお酒を久高殿の祭場に届けにゆく。

夕日の傾く久高殿の広場「ウドゥンミャー」（御殿庭）に島人たちが集まり始めた。「酒三合」の一行が届けた酒を捧げ、神々への祈りが始まった。その後で、島人全員でその酒をいただく。神と人とが共食する「直会」（なおらい）を思わせる宴が続いた。邪悪なものをすべて吹き飛ばそうと、宵まで島中の皆で食べて飲んで踊ったのであった。

ところで、写真家の比嘉康雄氏は、久高島を記録する際には「魂で島を受けとめる感性」が必要だと述べていた。それは、宗教哲学者の梅原猛氏との出会いで、気づかされた視点であったという。一九九二年、比嘉氏は梅原氏を久高島に案内した。〈イザイホー〉の主祭場であった久高殿の「ウドゥンミャー」（御殿庭）に着くと、比嘉氏は「ハンアシャギ」（神の宮）の前に立ち、「七ツ橋を架けて、その橋を渡ったら、向こうは他界、こっちは現世である」と解説をした。その時、梅原猛氏は神懸かりになったような状態になって、目の前に他界と現実が広がっていく空間を実感していたという。

「いのち」への想像力と言うべきか、そういった感性を持たないと、久高島の精神世界は分からないのかもしれない。比嘉康雄氏にとっては、それまで〈自分の魂で受け止める〉ような学者には出会ったことがなかったという。琉球の魂の聖地・久高島には、学者や研究者の価値観が無効化され、現実にある建築物や祭祀の斎場などを寸法で計って懸命に分析をしても把握できない世界観が存在しているのである。

比嘉氏は「いわゆる〈魂の世界〉を感知する能力がないと、本質は分からない…ということを梅原先生から学んだ」（比嘉康雄『日本人の魂の原郷　ニライカナイへ』八〜九頁より）と言っている。異界を想像する力こそが、精神世界を創造する。まさに久高島の祭祀は、島人たちの「異界の想像力」で支えられてきたと言ってもよい。

久高島の中北部に広がる原生林　2008 年

鬱そうとしたクバの森（フボー御嶽）　2008 年

柴指の魔除け　2005 年

外間殿の火ヌ神　2021 年

八月マッティ（ハティグァティ）での神酒の配膳　2005 年

久高殿での夕拝み（タガミ）を待つ神人　2005 年

ウドゥンミャー（御殿庭）に集まった島人（ハティグァティ） 2005 年

久高殿でタガミをする神人（ハティグァティ） 2005 年

ハブイ（草冠）姿の神人たち（ハティグァティ） 2008 年

久高御殿庭にてグゥルイ（輪踊り）を踊る女たち　2002 年

グゥルイ（輪踊り）で音頭を取る女性　2005 年

5　水神信仰・農耕儀礼

久高島の水神信仰は、農耕儀礼の「ソージマッティ」の中に垣間見ることができる。これは麦や粟の穂が出始める頃に、豊作を願う農耕儀礼である。「ソージ」とは「禊」の意味で、神人には慎み精進して、厳粛な祈願をすることが求められる。「ソージマッティ」は〈男のマツリ〉とも言われており、麦や粟の豊作を祈るとともに、男たちの健康を祈願する「ムチメー」（祝詞）を唱える。

「カー」と呼ばれる井泉への拝みも行われ、水神信仰に基づいた儀礼でもある。祭祀を執りしきる「ウメーギ」（祝女《ノロ》の補助役）や神役たちは、祭祀の前に井泉である「ヤグルガー」の湧き水で身を清め、白い衣装に着替える。「ウメーギ」は、「ヤグルガー」の水をサジですくい、神酒《ミキ》の膳の上を清める儀式も行う。

朝の拝みの儀式の「アサマッティ」が始まった。外間殿の庭に、お粥である「マブッチ」をのせた御膳を並べる。神人《カミンチュ》たちは、椀に神酒《ミキ》を注ぎ、外間殿や「イチャリグヮ」（島建ての棒を祀っている旧家）に持ってゆく。最後に、男の神役「根人《ニーチュ》」の座に運ぶ。

神人《カミンチュ》たちの祈りが、「タムトゥ座」（神職の座る場所）で始まった。「ウメーギ」が東に向かって拝み、「根人《ニーチュ》」も続く。「ウメーギ」は、「ヤグルガー」の水をサジですくい、御膳の上を清め、手を合わせ、豊作、豊漁、航海安全を願う「ムチメー」（祝詞）を唱える。「タムトゥ座」の神人たちも、神酒《ミキ》を捧げる。その後、神役たちは久高殿の「ウドゥンミャー」（御殿庭）へと移動する。庭の中央で神人たちが神酒《ミキ》を注ぎ、ウプラトゥ家（大里家）と「シラタル」（祖先の兄神）の拝殿に運ぶ。それから「神アシャギ」（神を招いて祭事を行う小屋）の中にいる「ウメーギ」と「根人《ニーチュ》」に捧げて準備が終わる。

「ウメーギ」が東の「ニラーハラー」（海の彼方の場所）に向かって拝み、儀式が進められる。「ヤグルガー」の水をすくって振りまき、御膳のお粥の「マブッチ」を清める。さらに「ニラーハラー」に向かって、神酒《ミキ》を捧げ、皆で頂く。「アサマッティ」の後、燻製小屋の「バイカンヤー」の前で、神人《カミンチュ》たちはお供え物を共に食べる。「ソージマッティ」では水神を通じて、麦や粟の豊作を祈るとともに、龍宮神に男たちの健康を祈願するのである。

他には農耕儀礼の一種としては、「ハマシーグ」という行事があり、作物に有害な虫を追い払う「虫祓い」の祭りとして催されている。「ユーウラヌ浜」の近くにある祭場に、夕方、人々が集って来て、木蔭に御座を敷き、所定の場所に座る。村頭である「ハッシャ」が、小舟を作り始めた。芭蕉の茎を割り箸で繋ぎ、筏《イカダ》の形にしていく。今は帆をダンボールで代用しているが、かつては帆を葉で作っていたという。仕上げとして、板を削って作った舵をつける。それから庭や畑で作物に付く虫たちを捕まえ、葉に包んで、小舟に乗せる。「虫祓い」の祈りが始まり、作物の無事な成長を祈願する。「ハッシャ」が神役たちに神酒《ミキ》を振る舞うと、島人たちは、持ち寄ったご馳走を共に食べ始め、静かなひと時を過ごした。村頭のひとりが「ユーウラヌ浜」に降り、芭蕉の小舟を西の海へと流し、見送って、海の彼方へ害虫を送り出した。

ところで沖縄本島の国頭地域にも、久高島の「ハマシーグ」と類似した祭りがあり、旧暦四月に行なう「畦《あぜ》払い」（アブシバレー）という行事が広まった。村民が総出で、ねずみ、イナゴ等を捕えて、芭蕉の葉柄《ようへい》で作った小舟に乗せ、祝女《ノロ》、神人、あるいは根神《ニーガン》たちが祈願して海に流した。また祭りの当日は、この一年内に誕生した幼児のために、「浜下り《ハマウリ》」するところが多く、牛、馬、山羊を連れて海岸に下ろす習慣があったという。

久米島の具志川区では、老若男女が海辺に出て、作物の害虫を一所に集め、祝女《ノロ》が豊年を祈願して、「虫払い」のために集めた害虫を海に流す行事が行われていたという。また久米島の仲里区では「虫払い」とも、「アブシバレー」とも言い、かつての島人は神々に祈願して、害虫を遠い海の彼方である「ニライカナイ」へ行くように…と呪言（マジナイ）をかけて流したとされる。

すなわち、久高島では「ハマシーグ」が「畦払い」の儀式として、他の島々では「アブシバレー」が「虫払い」の行事として、同じ目的の祭祀が行われていたのである。『琉球国由来記』には、粟国島では四月の「畦払い」の儀式は島に田が無いのでやらないという旨が記されているが、毎年の「虫払い」の行事は二月から三月にかけて行われる「虫ン口」という行事が代わりにあって、害虫駆除を願う儀式を行っていたという。

このように島人の日常生活にとって重要な祭りを把握するには、農耕儀礼を比較していくと祭祀の原型が明らかになってくる。久高島では、麦や粟の穂が出始める頃に豊作を願った農耕儀礼として、「ソージマッティ」が古くから行われてきたと考えられ、水神に祈りを捧げてきた形跡でもある。「ソージ」とは禊ぎのことを意味している通り、〈イザイホー〉を経験した最後の神人たちも、この「ソージマッティ」の前には、自身の穢れを清めるために、肉などを抜いて、野菜、穀物しか食べないようにし、心身を潔斎して祭祀に臨んでいたという。

祭りで心身を清めるのに重要なのは、聖水である。「カー」（泉）に行って、そこに居ます水神に祈って、聖水をいただき汚れを祓う。水に浄化の力があるのは世界各地で共通した認識であり、そういう根源的な儀礼は残り続けていくのである。

外間殿でのハティグァティの初日の朝ガミ　2008 年

久高殿に神酒を運ぶ神人（マーミキグワー）　2005 年

6 来訪神信仰

五穀豊穣への祈りでは、来訪神（マレビト）が異界から来る瞬間、それが人間に憑依したり、人間に宿ることで、神話の空間と時間が祭りで再現される。久高島の行事で来訪神信仰と結びつくのが、「ハンジャナシー」という祭祀である。「ハンジャナシー」は南の季節風の「カーチーベ」と、北の季節風の「ミーニシ」が吹くときに行われる行事である。琉球諸島の季節風には、旧暦四月の「カーチーベ」（夏至南風）と旧暦一〇月の「ミーニシ」（新北風）の二種類があって、島の神事に大きな影響を与えている。

この祭りの由来を島人たちに訪ね歩くと、その時期には歴史的に南から人が来たり、北から人が来たりすることが多く、その名残りや記憶を祭りに封じ込めたものだ…と語る人もいる。その際に祀られる神々には、「ヒーチョーザ」（雷の神）、「アガリウプヌシ」（東大主）、「ファガナシーヌクヮガミ」（子孫繁栄の神）などが挙げらる。その中でも「アガリウプヌシ」は非常に大きな力を持っていて、「ニライカナイ」（久高島の「ニラーハラー」）を支配する神である。なぜなら、琉球諸島では海の彼方に「ニライカナイ」があって、そこから全ての豊穣や繁栄がもたらされる…と信じられていたからである。

島人にとって、海の向こうから来る来訪神である「マレビト」とは、季節風がもたらす有難い存在であると考えられていた。まさに「ウプヌシガナシー」は他界信仰と関わりの深い祭祀であるが、久高島では非常に重要な行事とされた。「ウプヌシ」は「大主」と書き、「ガナシー」は神に対する尊敬語である。したがって「ウプヌシガナシー」というのは異郷の「ニライカナイ」の大神様への敬称でもあり、それが行事の名前にもなった。

琉球諸島では「ニライカナイ」という理想郷は一般的に知られているが、久高では「ニラーハラー」と呼ぶことが多く、「ニライウプヌシ」が「ニライカナイ」の支配神であると考えられていた。その神を迎えてお送りするのがこの行事であり、来訪神信仰に関わる祭祀となったと考えられる。

この行事が重要なのは、久高島の「伊敷浜《イシキバマ》」という聖域に、五穀の入った白い壺が流れ着いてきて、琉球全土に広まったという伝説と繋がっているからである。「ウプヌシガナシー」をする前に、「ウメーギ」(祝女《ノロ》の補佐役)という神女が祭りの最初に行く拝所が「ヤグルガー」という泉井であり、そこの水で自身の心体を清める。現状は祝女《ノロ》がいないので、「ウメーギ」が事実上の中心的な存在になっていた。

白い壺の伝説は、今も久高島の島人に語り継がれていた。〈アカツミー〉という男性が海岸に近づいてきた壺を取ろうとしたら、沖に流されてしまった。「どうしようか…」と〈シマリバー〉という女性に相談したら、「ヤグルガー」で身を清めて、白い着物で行くと取れると言う。この伝承が「ウプヌシガナシー」という行事と非常に強く結びついていった。先祖が行ってきた記憶は、伝説として語り伝えられ、女性を中心とした神人たちによって祭りで再現されてきたのである。それが「ユガフー」(世果報)と結びつき、「ウプヌシガナシー」や「ハンジャナシー」、「ソージマッティ」という祭りが島の創世神話の痕跡として残っているのである。

北の季節風の「ミーニシ」が吹きはじめる旧暦一〇月に、「ハンジャナシー」が行われていた。明け方、外間殿の庭に、赤と青の衣装を着た神女たちが現れた。海の彼方の他界「ニラーハラー」の神々が、神女たちに霊力をさずけ、集落を祓い清めると信じられている。これは祝女《ノロ》制度が出来るより古くから続く、古代からの祭りであると言われている。

かつての島人たちは外国人を全て「ウランタ」（オランダの呼称）と呼んでいた。島人たちは海外から来た人や、海の彼方から来た人を非常に重んじていた。海外から来た人と島人が交流する機会を得て、多様性を担保していくという逸話が、波照間島などの離島には残っている。要するに、血の多様性を求めるために、外から来る人に対して歓待していた文化が島人たちには受け継がれてきたと耳にした。「ハンジャナシー」もその名残りではないかと語る島人もいた。その季節風が吹くころに外から来訪者が来て、島人はもてなしをして、客人を送り出す…。それを祭りにしたものが「ハンジャナシー」であるのかもしれない。

島人たちが眠る朝早く、外間殿で神人と「根人《ニーチュ》」が「ハンジャナシー」の到着を待っていた。「ニラーハラー」から訪れた神々に扮した神役が「アカハンジャナシー」として、赤と青の衣装を着て外間殿に集まった。「アカハンジャナシー」は茅の束の〈スバ〉を両手に持ち、神人全員と外間殿に礼拝をした。その後、「ウメーギ」の太鼓の音と共に「ホイ、ホーイ」と掛け声を発し、〈スバ〉を上下に振りながら足踏みの仕草をする。「ニラーハラー」の神々が、神役に霊力をさずけ、浄化する力を与えているという。

太鼓の合図とともに外間殿から「アマミヤ」（国創りの神に司える神女）が、「シマグゥシナー」という棒を持って出現した。外間殿を出発するとすぐに「ハンジャナシー」と「アマミヤ」が時計回り（右回り）に円陣を描いて周る。その後、「ウメーギ」を先頭に集落を清め、西の「ユーウラヌ浜」に向かった。

神々に扮した神役たちは、「ウメーギ」の太鼓にあわせ、円陣を組んで時計回りに周る。この時、御祓いの言葉を唱える。その後、浜の入り口で二手に分かれ、集落を囲み込むように巡礼してゆく。二手に分かれた行列は島を一巡し、集落の東と西を祓い清めながら、外間殿で合流するのである。徳仁港の前を通って島の真ん中あたりを行進するのは、外間集落に属する神女たちである。一方、島の西側を通って久高殿の前を行進するのは、久高集落に属する神女たちである。

「ニラーハラー」から神々が来訪し、島を祓い清め、人々の平安をもたらす儀式が終わった。外間殿で合流した神女たちは、四列に並び東西南北の神々に祭りの終了を報告する。神々は、翌日の「ムリーバー」という神送りの儀式によって「ニラーハラー」に帰って行くと想像されている。

ところで、旧暦九月の「ハンジャナシー」の前日には、「ムムハメー」の儀式の準備が久高殿の「神アシャギ」で行われていた。お供え物は、お米で作った「ハサキーンバイ」と、海蛇である〈イラブー〉の料理であった。琉球王朝の時代、燻製した〈イラブー〉は高級な献上品のひとつでもあった。〈イラブー〉の豊漁を感謝し、燻製小屋の「バイカンヤー」に祈りを捧げる。「ハッシャ」（村頭）が「根人《ニーチュ》」や「ウメーギ」を招き、〈イラブー漁〉の初物を振る舞った。〈イラブー〉は海と陸を繋ぐ神のように崇められ、島人にとっては、来訪する竜宮神の化身のような存在でもあった。

琉球諸島においては、神女による祭祀がよく見られ、沖縄本島では「祝女《ノロ》」、八重山では「司」（ツカサ、カンツカサ）と呼ばれる女性のシャーマンが担っている。女性のシャーマンが祭祀において重要な機能を果たす痕跡は日本本土でも見られ、東北地方のイタコ、ゴミソ、ワカ、カミサンなどがある。琉球王朝の時代には、基本的には神に仕えるのは女性であり、またその地位は血縁で継承されるのが慣例となっていた。

季節風が吹くピサ浜から望む日の出　2009 年

外間殿に祈る神人（ハンジャナシー）　2008 年

外間殿に戻ってから祈る神人（ハンジャナシー） 2008 年

ハンジャナシーを終えてくつろぐ神人 2008 年

イラブー燻製小屋のバイカンヤー　2021 年

イラブー燻製の準備作業　2005 年

捕獲したイラブー（海蛇）　2005 年

バイカンヤーの前での釜入れ後の作業　2005 年

バイカンヤーの屋根に差し込む陽光　2005 年

イラブー燻製の復活で煙があがるバイカンヤー　2005 年

沖縄本島に出荷前のイラブー　2005 年

7 他界信仰

久高島の「ウプヌシガナシー」という祭祀は、海の他界の「ニラーハラー」の大神様である「ニライウプヌシ」に由来する名称である。「ウプヌシガナシー」の祈願結びは旧暦一二月に行なわれ、夜明け前より、供え物のおにぎりの「ハサキーンバイ」が外間・久高の両ノロ家、外間殿、そして「イチャリグワー」（島建ての棒を祀っている旧家）と大里家で作られていた。

伊敷浜《イシキバマ》は、「ニラーハラー」に一番近い聖地とされている。神役たちは浜辺に下り、四つの膳に米を盛った「ハサキーンバイ」を捧げる。祈願の後、波に打ち上げられた小石を、女たちは「お守りの石」として拾い集める。家族の者たちの健康を願い、男ひとりに三個づつ石を拾うのが慣わしである。「ニラーハラー」の霊力である「シジ」が石に籠もっているとされ、一年間のお守りにする。

島に伝わる白い壺の伝説については先に触れたが、他界信仰との繋がりについて詳しく見ていこう。

……大昔、白い壷が伊敷浜に流れてきた。壷を見つけたのは〈アカツミー〉という男である。何度も壺を取ろうとしても、沖合いに行ってしまい取れない。家に帰り、そのことを〈シマリバー〉という女に話した。

〈シマリバー〉は「ヤグルガーで身を清め、白い着物で行くと取れる」と教えてくれた。〈アカツミー〉は教え通りにして、再び伊敷浜に行った。

すると不思議なことに着物の中に壺が入ってきたという。その中には五穀の種が入っていた。この種を「ハタス」と言うところに蒔いたのが作物の始まりと言われる……

一年の御願いをする儀礼が「ウプヌシガナシー」であり、年の初めに「御願立て」を行い、年の終わりに「御願結び」で感謝し、一年に二回の一対となっている。「ニラーハラー」の最高神である「ニライウプヌシ」に、一年間の海の安全と男たちの健康を祈願する。つまり、「ニラーハラー」から「ユガフー」（世果報）として豊作や豊漁が与えられると考えられていたのである。「御願立て」では、伊敷浜でお守りにする小石を拾い集め、逆に「御願結び」で小石を浜に返す。

祭りの朝、外間ノロ家より感謝の祈りが始まる。その後、久高ノロ家、外間殿、イチャリグワー（島建ての棒を祀っている旧家）、シラタル宮（外間集落の兄神の御宮）、大里家と回る。大里家での祈りを終えると、神人はヤグルガー（禊をする井泉）、ハタス（五穀の壺の種を蒔いた畑）、インニナー（竜宮神を祀る家）、アカララキ（魔除けをする御嶽）を二手に分かれて回った。

祭りの最後は伊敷浜で行われるのだが、老女たちが石が入った乳母車を引いて浜辺の入り口に集まってきた。島人たちがお守りの小石を返そうと、神人たちの到着を待っていたのである。二手に分かれた神人《カミンチュ》たちは伊敷浜で合流し、島人たちは浜辺から「ニラーハラー」に向かって静かに祈った。その後で、小石を浜に返し、ひとつの年の巡りが終わるのである。

この島では昔より、男は海と繋がりを、女は大地との繋がりを大切にしてきた。神人は、島のため、家族のため、男たちのために祈りを捧げてきた。季節風と海流に寄り添い、自然との暮らしの中から、他界の神々への祈りが生まれ、年中行事となったのである。

久高島の「アミドゥシ」は、海の彼方からやってきた先祖が、島建てをした神話に基づく祭祀である。島立てをしたといわれる「シラタル」、「ファーガナシー」の兄妹が知念半島の百名から徳仁港に渡り、七回宿を変えて生活したという伝説がある。「アミドゥシ」ではそれに倣い、徳仁港の斜面に男たちが小さな簡易小屋の「ヤドゥイ」(屋取居)を七つ建てて、祖霊を想う行事を行う。「ヤドゥイ」にはそれぞれの名前があり、島人たちは各自に関係する屋号に集まって食事をする。

祭りの当日、早朝から漁に出ていた船々が帰ってきた。まず、水揚げされた魚は、徳仁港の「イシムイグァ」という岩の前に集められる。魚は「ヤドゥイ」の祈願用に七匹を取り分け、さらに久高ノロ家・外間ノロ家・外間殿用に三組に分ける。それから、残りの魚を「ヤドゥイ」の人々のために七等分に分けていく。「ヤドゥイ」に分配された魚は、男たちが浜辺で刺身にしたり、焼魚にして調理していく。儀式用の神酒は、ひとつひとつの「ヤドゥイ」から出され、海岸沿いに東西一列に膳が並べられる。これは「フカラク」と言って、刺身三切れをユウナの葉に包み、竜宮神に捧げる御供え物であった。

御供え物の準備をしている男たちの合図を待って、神女たちが徳仁港の浜に下りてきた。まずは竜宮神と「ニラーハラー」に大漁と航海安全を祈願していく。そして、東西に並べられた神酒を西側から順に頂きつつ、七つの家々の繁栄を祈っていく。神酒はその後に「ヤドゥイ」の島人に渡され、長老から年齢順に振る舞われた。

久高島の行事の中で漁業に関するものについては、「アミドゥシ」の他にも先に触れた「テーラガーミ」のように男性が中心となるものが幾つかあり、海の竜宮神や天の太陽神に祈る。

「テーラガーミ」は旧暦の「八月マッティ」(ハティグァティマッティ)の中で行われるのだが、海人たちが朝早くから追い込み漁である「アンティキャー」に出ていく。男たちが大漁旗を振って帰ってくると、採れた魚はすぐに港に水揚げされ、島人たちが総出で刺身にしていく。刺身にしない魚もあり、古い先祖の家に捧げる分を確保した後で、漁に出た海人たちに分け与えられる。

夕方、集落のほぼ中心にある「ハンチャタイ」(神の畑の意)に、五〇歳から七〇歳の男性たちで構成される「ウプシュ」が集まった。儀式は天と地をつないでいる「テンノジョウ」という聖石を拝むことから始まった。つまり、天界に向かって線香とお神酒を捧げる事から始まるのである。その後、「ウプシュ」の長老たちは神酒を頂いて「ティルル」(神歌)を歌うのであるが、その歌の内容は太陽の神様が島を守るというものであり、天界に祈りを捧げる。

「ティルル」を歌い終わると、年齢順に一列に並び、決められた道を通って「ユーウラヌ浜」に向かう。浜に着くと、午前中にさばいた刺身と神酒を頂き、海に向かって神々に祈っていく。

「ウプシュ」の長老たちは久高殿での祈りの後で、一度家に帰って着替え、「ユーウラヌ浜」に再度集まる。この時は女性は浜には入れず、浜の外で刺身をもらい受けて海の恵みを分かち合う。最後に浜で子供たちの相撲が始まると、女性たちも浜に下りて夕暮れまで祭りの余興を楽んでいた。

天界や海の彼方の他界と島人の繋がりは、海を駆けめぐる男性たちの祈りと、島を守る女性たちの祈りが重なって、祭祀の中で神話とともに伝承されてきた。首里王朝は「ティダガナシー」(太陽の神)の再生力と国王の権力を象徴的に重ねることで、久高島を神聖視してきたのである。それは、古代エジプト王朝の「ラー」(太陽神)への信仰と同様に、権力を絶対的なものとして位置づけるために、太陽の力を求めた古代史とも共通している。世界各地にも海上の島への他界信仰が散見できるが、特に首里城から見て、久高島が太陽の昇る方向にあるが故に、「神の島」としての他界信仰を確立していったのであろう。

ウプヌシガナシーで久高ノロ家から出発する神人　2008 年

イチャリグワーでの祈り（ウプヌシガナシー）　2008 年

ウプヌシガナシーで伊敷浜に集う島人　2008 年

守り石を拾う島人たち　2008 年

守り石に願いを込める神人　2008 年

神人を卒業する福治洋子さん、内間誠子さん、古波蔵節子さん　2008 年

ニライカナイ（ニラーハラー）に向かって祈りを捧げるウメーギ　2008 年

ニライカナイ（ニラーハラー）の神々への御願立て　2009 年

ハンチャタイ（神の畑）に集まった神人たち　2014 年

テーラガーミで歌を捧げるウプシュの長老たち　2014 年

久高殿から東方に向かって祈る男たち　2014 年

ユーウラヌ浜での竜宮神への祈り（テーラガーミ） 2008 年

ユーウラヌ浜に集まるウプシュ組と青少年たち（テーラガーミ） 2014 年

ISBN978-4-89805-246-4
C0339 ¥1200E

㈲榕樹書林
☎(098) 893-4076
FAX(098) 893-6708

8 オナリ神とエケリ神

「オナリ神《ガミ》」への信仰とは、奄美諸島と沖縄諸島にみられる習俗である。「オナリ」とは、「エケリ」(兄弟)に対して〈姉妹〉を指す語である。姉妹に兄弟を守護する霊力があるとする信仰があり、古くから、男子が航海などに出るとき、その姉妹の手織りの手拭いや毛髪などを護符として身につけていく習慣があった。稲の播種《はしゅ》儀礼や収穫儀礼、法事などの家の行事にも、その家で生まれた娘が他家へ嫁いだ後まで、「オナリ神」の霊的な力を親族の男性に送り続け、司祭者的な役割を演じていた集落もあり、祭祀や儀礼に関わ

うが、竜宮神を司る神職者の「ソー
の指揮者が、刳り舟である「サバニ」
の神役の「ソールイガナシー」が
イガナシー」は不在となっている。
(禊をする泉井)の湧き水で身を清め、

須藤義人 著
原郷のニライカナイへ
琉球の魂の聖地・久高島
がじゅまるブックス 19
定価 1320円(本体1200円+税)
(有)榕樹書林 ☎(098)893-4076 FAX(098)893-6708
ISBN978-4-89805-246-4 C0339 ¥1200E
9784898052464
1920339012002

「フボー御嶽《ウタキ》」に入っていった。「フボー御嶽」は、久高島でもっとも大きな御願所《ウガンジョ》である。〈イザイホー〉で神人になった女たちは、七〇歳になると、この場所で退任をする。御嶽《ウタキ》は、女たちが祈願や祭りを行う所で、原則として男たちは立ち入れない。森の中は神が宿る「イビ」という聖石や聖木があるだけである。

神人たちは、「フボー御嶽」で白い衣装に着替え、北の突端の聖域である「カベール」（別名：ハビャーン）へと向かう。かつては、神女たちが行列をなして、「カベール」の岬を目指していた。「カベール」とは「神の原」という意味で、白馬の姿をした海の神が降りたった場所と信じられている。

「カベール」に到着すると、つる草の束と頭にかぶる「ハブイ」（草で作った冠）を編み始める。その後で、「ハブイシー」という岩場に移動する。二〇〇八年の神女は三名だが、以前は数十名の女性たちが、「カベール」から竜宮神への礼拝を捧げていた。

「ウメーギ」（祝女《ノロ》の補佐役）が大漁を祈願して、岩につる草の束を振り下ろした。岩を叩くのは、追い込み漁で海面を叩いて魚を追い込んだ時の仕草を表していると言われている。三ヵ所の岩場での祈りが終わると、神人たちは頭から「ハブイ」（草で作った冠）をはずし、持ち寄った御馳走を食べる。再び「フボー御嶽」で祈りを済ませた後、島のほぼ中央にある「ナカヌ御嶽」で「ヒータチ」の終わりを神々に告げる。彼女たちは「オナリ神」としての役割を果たし、海での安全や豊漁の祈願を男性に代わって行っているのである。

このように、女性は神人《カミンチュ》になり、琉球王府のため、シマのため、家族のため、男たちのために祈りを捧げてきた。琉球王朝が滅んだあとも〈イザイホー〉という儀式は続き、女たちは、島の祭りを守ってきた。男は海との繋がりを、女は大地との繋がりを大切にしてきたのである。神女となった島の女性は、七〇歳になると任務を終える。二〇〇八年は神人たちは残り三名となったが、神に仕える役割を引き継いで、最後の一年の神行事を全うした。

また男の祭祀を司る役職が「ソールイガナシー」であり、漁撈の神役とも言われる。二〇〇三年には、その退任式があった。本来は「ソールイガナシー」の任期は二年であったが、福地友行氏の後継者がいなかったので、三年間も務めることになった。先代から受け継いだ帽子と帯を返し、香炉を久高ノロ家に返す。無事に大役を終えた友行氏に、妻の洋子氏が「三年間、ご苦労様でした」と労《ねぎら》った。古くから龍宮神に仕え、漁労祭祀を司ってきた「ソールイガナシー」の神役は、この時に途絶えたのである。女性たちの祭りの〈イザイホー〉を経験した神人たちの退任に続いて、男性たちの祭りと漁業を司る「ソールイガナシー」の伝統も絶えてしまった。しかし、人々の暮らしに結びついた祭りは現在も続いている。久高島では一年間に一五にも及ぶ祭りが、今も間断なく行われているのである。

島の女性たちに宿る「オナリ神」信仰の根底には、もともとは沖縄最高の神女である「聞得大君《きこえのおおきみ》」に王族の女性が就任し、国家の繁栄と守護を願う存在となったことと結びついている。一方で島々では、旧家の根屋《ニーヤ》の男子が「根人《ニーチュ》」という村の長役になり、女子が「根神《ニーガン》」という神女の長になって、島や村の守護霊としての役割を果たしてきた。「ノロ」（祝女）の頂点に立つのが琉球王国の最高祭祀者である「聞得大君《きこえのおおきみ》」であったが、この女性も国王の姉妹より選ばれ、国王並びに国を守護する力を期待されていた。神々に司える姉妹が、共同体を治める兄弟を守るという関係であったのである。この「オナリ神」信仰は姉妹と兄弟の間の身近な守護関係だけでなく、広い見方をすれば女性と男性の守護関係と捉えられる。つまり男性にとって女性は、霊的な守りを与えてくれる存在であると信じられていたのである。

霊力のことを「セジ」と呼び、「ノロ」や「ユタ」としての役目を果たす女性は、男性より高い「セジ」

を備えているとされた。ただこの「セジ」という霊力は特別なものではなく、人間は誰でも多かれ少なかれ「セジ」を持ち、また自分以外の「セジ」の影響を受けると考えられてきたのである。また「セジ」は、人間の内部から発生するものというよりは、外部から与えられるものと考えられている。例えば、ある日、突然に神懸かりする「ユタ」のように、自身が望む・望まざるに関わらず、高い「セジ」を与えられる人もいる。さらに、この「セジ」は人から人へと受け継がれるとされた。久高島では、神事に携わる女性が祖先より「セジ」を受け継ぐ行事として、〈イザイホー〉が行われていた。その継承された霊力を「ウプティシジ」と言って、神女に寄りつく守護霊から与えられたものとされていた。

「セジ」のような霊力によって女性が男性より霊的に優位に立つとする関係性は、日本本土でも、兄弟と姉妹の間に顕著に表れていた。これを解明すべく、民俗学者たちは「オナリ神」信仰に注目したのである。彼らは琉球諸島の「オナリ神」信仰に着目し、兄弟である「エケリ」に対して姉妹である「オナリ」が霊的に優位に立ち、兄弟を護り祝福する霊力を持つ構図を理論化していった。「オナリ神」の実態を最初に学問的な課題として体系化した業績は、柳田國男氏の『妹の力』であった。

柳田氏が『妹の力』(一九四〇年)に収載された論文で先鞭をつけ、伊波普猷氏がその後を受けて解明を進めた信仰体系でもあった。「一国民俗学」を信念とした柳田氏は、「オナリ神」の源流を日本の外に求めることはしなかった。しかし、その影響の下に後にこの研究に取り組んだ社会人類学者の馬渕東一氏は、東南アジアとの関連性を強調したのである(「沖縄先島のオナリ神」『日本民俗学』、一九五五年)。

いずれにせよ、久高島の信仰体系も「オナリ神」の影響を受けており、二〇〇八年の「フバワク」で最後の〈イザイホー〉を経験した神人が退任しても、女性たちは新たな体制で祈りを続けている。いわば、「オナリ神」の継承は続いているのである。ちなみに「フバワク」とは、健康祈願と祓いをする行事であるが、神女たちの退任式でもある。「フバワク」の「フバ」は〈クバの木〉を意味し、「ワク」は〈切り払うこと〉を意味する。普段は木の葉を切り取ることが許されていない御嶽《ウタキ》であるが、この祭りの前日は「スベーラキ」(島の南端の御嶽)から「カベールウタキ」(島の北端の御嶽)、「アグルラキ」(シラタル夫妻の住居跡の御嶽)、「ウガミグヮ」(島の真ん中の御嶽)を巡って清掃をしていった。この祭りでは、七〇歳を迎えた神女の退任式である「テーヤク」が行われていたが、二〇〇五年は該当者がいないため、神役の交替式は行われなかった。

「フバワク」の祭りのために、集落内でも長い竿鎌を使って外間殿裏と大里家裏からクバを切り始め、祭場の準備をしていた。翌朝、神女は「ハンザァナ山」(大里家の向いにある御嶽)、「クンブチ山」(古い元家の前の小山)、「ウプンディ山」(雨乞いの山)に赴いて祈願を行った。「ハンザァナ山」では前日に用意されたクバの葉を手に持ち、「ウメーギ」(ノロの補佐役)の太鼓とともに祈りが始まった。その後、クバの葉を二人一組で持ち二列になって祈った。男性の神役である「根人《ニーチュ》」も、クバの葉の上に座り、南の方向に祈りを始める。神人たちも「ティルル」(神歌)を小声で歌い、そして葉を持つ手を円を描くように動かす。手の仕草は木を切る所作を表しているという。

御嶽《ウタキ》回りが終わると神役たちは一度家に帰り、紺色の衣装を着て再び久高殿に集まった。前日に準備されたクバの葉の上には、「根人《ニーチュ》」や神人が座り、御神酒を頂いた。祭りの最後に「ソールイガナシー」(竜宮神を司る神役)の振る舞いがあるが、近年は行われていない。かつては「ソールイガナシー」が、神酒とスクガラス(アイゴの稚魚の塩漬け)を振る舞うという儀式があったという。二〇〇五年以降は「ミキウサゲ」

のみが行われていた。

近畿地方から九州地方にかけては祭りの供物を用意する役目の女性がいるが、小島瓔禮《よしゆき》氏によれば、「オナリ神」や「ウナイ」(姉妹)との関係性があるかもしれないという。「オナリ神」は琉球諸島の宗教観だけに留まらず、姉妹に兄弟を守護する霊威があるという信仰は、日本本土にも類似した事例があるということになる。「オナリ神」信仰は琉球諸島に広く根付いており、例えば遠方で危難に遭った兄を救うために、妹が白鳥となって救いに行く…という伝説が語り継がれている。

谷川健一氏に拠れば、「オナリ神」信仰は叔母と甥の関係にも見られるとして、古事記や日本書記の中で、「トヨタマヒメ」の息子の「ウガヤフキアエズ」(神武天皇の父)が、「トヨタマヒメ」の妹の「タマヨリヒメ」と結婚した事例を挙げている。こういった観念は、琉球諸島でも信仰体系の中に残っており、血縁関係の中で兄弟に対して、姉妹が霊的な発言をすることが尊重されることもある。確かに、琉球諸島の島々では、稲の収穫儀礼や播種《はしゅ》儀礼、先祖供養などを「オナリ神」の姉妹が祈る事例が多くある。

古代から琉球諸島では女性は巫女《みこ》的な役割を持ち、男兄弟が航海や戦争という命の危険を伴う場所へ向かう際、彼らに災いがないように加護するのが任務とされた。「ノロ」(祝女)は国や村の公的祭祀を司り、「ユタ」は日常生活での呪術的な事を請け負う存在であった。さらには巫女者だけでなく、一般的に女性には特別な力が宿ると信じられ、「オナリ神」信仰が根強く存在していたのである。

「オナリ神」信仰について、谷川健一氏は『日本の神々』(岩波新書、一九九九年)の中で、琉球諸島に伝わるような、姉妹が兄弟の守護神である関係と、記紀神話(古事記・日本書記)の兄妹の相思関係との関連性を指摘している。一九七八年まで久高島で行われていた〈イザイホー〉では、「ナンチュ」(新人巫女)

の守護神が下りてきて兄弟を対面させて会わせると、姉妹は彼らを守護する「オナリ神」になると信じられてきた。

久高島の宗教観では、姉妹は兄弟に対して霊的に守護する力を有するという観念を骨子とした、いわゆる「オナリ神」信仰の影響を受けた「ウプティシジ」（神女に寄りつく神霊）が存在すると信じられていた。それが〈イザイホー〉の根幹を成している。旅に出る兄弟の守護のために、姉妹が自ら織った「ティサージ」という織物を贈る習俗や、兄弟の家の農耕儀礼に姉妹が深く関わり、その結果として豊穣がもたらされるという観念があったという。

一方で記紀神話には「沙本毘古《さほひこのみこ》」（開化天皇の孫の息子）と「沙本毘売《さほひめのみこと》」の兄妹愛以外にも、「木梨軽太子《きなしのかるのおうじ》」（允恭《いんぎょう》天皇の第一皇子）と「軽大郎女《かるのおおいらつめ》」の兄妹関係における〈禁愛〉が描かれている。谷川健一氏は古代日本の王権に起こったとされる兄妹の相思関係と、琉球諸島の「オナリ神」信仰に象徴される関係について、折口信夫説を持ち出すことで次のように説明している。

……こうした関係は古代日本に見られたヒメは祭祀を、ヒコは政治をつかさどるという二重主権にもとづくものだろう。

古代日本でも皇后を、神と天皇との間の仲介者として託宣を伝える。ナカツスメラミコトと呼び、ヒメミコ制の二重統治になぞらえる説を折口信夫は唱えている。それは南島では村の草分けの家すなわち根家の主人を根人と呼び、その姉妹を根神と呼んで、根人は村の運営にたずさわり、根神はもっぱら神祭りの行事につとめるという二分した役割をもっていることと見合うものである……（谷川健一『日本の神々』岩波書店、一九九九年）

「聞得大君《きこえおおきみ》」という王族の女性が、琉球王朝の「ノロ」（祝女）という神女制度の頂点に立っていたが、それを任命制にして久高島からも神女を輩出させていた。ところが、琉球処分によって琉球王朝は滅び、一〇六年も経った時である一九七八年までは「ノロ」を生み出す〈イザイホー〉が残っていたのである。王族や国家を祈って守るという女性の霊力を重視していた名残りが、近年まで久高島に存在していたのは奇跡的な事であろう。

沖縄県内では、〈イザイホー〉を復活すべきである…と、島人たちに期待する人も多いが、おそらく昔のままの形では不可能であろう。ただ現実的な問題として、一九七八年以前の形での神人の加入儀礼は復活できないが、むしろ、琉球王朝の影響がない儀礼として再生していくのかもしれない。実際に、神人候補の若い女性が神懸かり、島の長老たちの承認を得て、旧来のプロセスを経ずに神女が誕生しているのである。

このように琉球諸島に広く分布する「オナリ神」信仰を礎として、家族、親族集団、王国時代の国家のいずれのレベルにおいても、宗教的役割の殆どは女性たちが担うという状況が形成されてきたのである。姉妹は兄弟に対し霊的守護の役割を果たすが、同時に兄弟は姉妹に対し俗的守護の役割を担う。しかも家族のレベルを超えて、様々な「シマ共同体」の祭祀集団にもこの関係を垣間見ることができる。例えば、「根神《ニーガミ》」と「根人《ニーチュ》」、「ノロ」と「按司《アジ》」（地方首長）、「聞得大君《チフィジン》」と「御主加那志前《ウシュガナシメー》」（国王）の関係などが挙げられる。つまり、女は島に籠もって祈り、島の男は海で生き、その男女の均衡関係が「オナリ神」信仰によって保たれ、女性の祭事《まつりごと》と男性の政事《まつりごと》によって「シマ共同体」が治められてきたのであろう。

クバの葉を運ぶ小波蔵節子さん（フバワク） 2008 年

ハンザァナ山で拝む神人たち（フバワク） 2008 年

フボー御嶽へのミキウサゲ（神酒捧げ）を準備する神人　2008 年

御嶽の中で祈る神人（フボー御嶽）　2008 年

ナカヌ御嶽で祈る神人たち　2008 年

ナカヌ御嶽での祈りを終えた神人たち　2008 年

祭祀を司る外間根人（ニーチュ）・糸数清助さん　2008 年

テーヤク（退役）を迎えた神女たち（フバワク） 2008 年

根人（ニーチュ）に神酒を捧げる神人 2008 年

久高殿でのフバワクの祈り　2008 年

テーヤク（退役）して安堵の表情を見せる神女（フバワク）　2008 年

9　生きるよすがとしての生態智

久高島では、すべての年中行事が、太陽暦ではなく、月の満ち欠けに基づいた太陰暦で運行されてきた。その中でも旧正月は、島人たちが一番盛り上がる「ハレの日」である。一九八〇年代までは、年間を通して約二八の年中行事があったというが、それは月に二、三回のペースで行なわれている計算となる。それ程、島人たちは「ハレの日」を重要視してきたのである。

旧暦一月は健康祈願の旧正月、火の祭りの「ピーマッティ」、旧暦二月は大漁祈願の「ヒータチ」、旧暦三月は遭難者のタマ鎮めの「竜宮マッティ」、害虫払いの「ハマシーグ」などがある。さらに、不定期に行なわれる行事や歳時の行事も加わる。それらは日常生活の中で如何に、自然の神々や祖先の霊魂を大切にしているか…ということの表れと言えよう。

二〇〇八年の一月下旬、沖縄本島の安座真港から久高島の徳仁港へと向かう最終便のフェリーは、島人たちでごった返していた。那覇市の農連市場や与那原のショッピングセンターに出かけ、旧正月用の食材などの買い物から、帰ってきたのであった。

正月行事は旧暦の一月一日から三日まで、三日間行なわれる。那覇市内では殆ど見られなくなっている日章旗が、久高島の各家の門口に掲げられている。子供たちは煌びやかな着物を着て、島の中は正月ムードが漂う。その主な会場となるのは、久高島の祖先の「百名白樽《ひゃくなしらたる》」（玉城村百名から来た兄神）が島の守護神として祀られている、外間殿《ホカマトゥン》であった。「外間ノロ」と「外間根人《ニーチュ》」が祭主をつとめる聖域には、太陽・月・竜宮・火ヌ神などの七柱の神々が祀られている。

二〇〇八年の元旦の早朝、「ウメーギ」（祝女《ノロ》の補助役）の儀武栄子氏が、外間殿の拝殿に上がり、香炉の前に三色の紙を敷き、その上にミカン三個を並べ始めた。そして、「シャクトゥイ」（酌とり）で使う銀の盃や、長老である「ウプシュ」（大主）たちに配る、お粥と芋を用意する。

他の神人《カミンチュ》たちも外間殿に集まってきた。そこに隣接する「西威王産屋」の拝殿では、一族の者たちが、御神酒と供え物を祖霊に捧げる。福治洋子氏や糸数マサエ氏は、その家系の神人である。「ハッシャ」（村頭）を代行する内間豊氏や安里豊正氏も姿を見せ、青い芝生の庭に白いテントを張り、音響機材を運び込んだ。区長の西銘正勝氏も、受付用の長机を広げ、飲み物のケースを担ぎ込んで、祭りの準備を始めた。

「外間殿」の拝殿には、「ウメーギ」と「根人《ニーチュ》」だけが白衣をまとい、他の司祭者は紺色の絣を着て、所定の席に座っている。「タムトゥ」（六〇～七〇歳の高位の神女）と呼ばれる神人たちが、祭りを取り仕切る「ウメーギ」から塩と鰹節をいただく。

「ウメーギ」と男性の神役の「根人《ニーチュ》」の合図により、火の神の「ウカマガナシー」、「ミウプグィミンナカ」（始祖三家にある神香炉）に手を合わせ、旧正月が始まることを神々に伝えはじめた。人々は離れた場所から黙々と見守り、静寂があたり一帯を包み込んだ。

午前九時ごろ、太鼓による集合の合図とともに、島の人々の大半が集まってくると、祭りはいよいよ盛り上がる。一年の健康を祈願し、「シャクトゥイ」（酌とり）の儀式が始まった。長老から順番に、島の男たちが二人一組で拝殿に上り、「ウメーギ」と「根人《ニーチュ》」から御神酒をいただく。元旦は男性から「シャクトゥイ」を始めるが、三日目は女性から始めるのが慣わしである。参拝者たちは健康祈願が終わって盃を返杯すると、外間殿の庭に出て、皆に促されるように「カチャーシー」（祝いの乱舞）を踊った。三線の調べに、太鼓が加わり、観衆の手拍子が高らかに響きわたる。その踊り手の「門中《ムンチュウ》」（父系血縁の親族）の者たちも「カチャーシー」に加わり、乱舞が繰りひろげられた。

県外からきた久高島留学センターの子供たちも、形式的にお酌を受ける。最後に神人たちが立ち上がり、拝殿から芝の庭に出て「カチャーシー」を舞い始めた。いつの間にか、宴席も盛り上がり、島人全員で新しい年を迎える喜びを神々と分かち合っていた。森に覆われた集落には、「娘ジントヨー」の調べ（若い娘の想い謡）が鳴り響いていた。

公の宴席に用意される正月料理は、沖縄本島と違って豚肉がない。田芋や刺身などの質素な持てなしである。大根の酢漬けや刺身を酢醤油でつまみながら、オリオンビールや泡盛をチビチビと飲む。外間殿での宴は正午を過ぎると終わり、男たちは家々をまわり、新年の挨拶と宴席に繰り出す。彼らは千鳥足で集落中をまわり、深夜まで酌を交し続けた。夕飯時《どき》になると、豚のモツ（内臓）の入った中身汁も振る舞われ、食卓も盛り上がる。三線や太鼓も響きはじめ、ほろ酔い気分の中で「かぎやで風」（祝儀の席での歌）が歌われていた。

かつて、琉球諸島の島々の歌や踊りは、神々に捧げることから始まったという。祈りの言葉が歌になり、祈りの仕草が踊りとなった。旧正月の雰囲気を味わうたび、「ハレの日」のひと時は、久高島の自然のリズムと、島人の〈生命《いのち》〉の鼓動が調和しあう感じがした。神と人が交歓する時空間でもあった。

久高島をこよなく愛した比嘉康雄氏は、亡くなる直前に、次のように述べている。

「沖縄でもね、琉球政府（一九五二～一九七二年）が父性原理を持ち込んで、社会を合理化しようとすると、無駄な争いばかりが増えてしまい、競争社会になってしまった。

だけど、久高島の母性社会に身を置いてみると、自然への感謝の気持ちを持ち続けて生きていれば、戦争なんて起こるはずがないことがよくわかるんですよ。

新しい世紀を迎えて、私たちが滅びずに、幸せであるためには、今一度、母なる自然に対する感謝の気持ちを取り戻さなければいけないのではないでしょうか…」（大重潤一郎監督、記録映画『原郷のニライカナイへ―比嘉康雄の魂』海プロダクション、二〇〇〇年）

この語りは、二〇〇〇年に比嘉康雄氏が亡くなる直前に記録され、まさに辞世の言葉となった。

午《うま》年の旧暦二〇一四年一一月一五日は、本来なら〈イザイホー〉の日であった。新暦では、二〇一五年一月五日にあたり、一二年目の節目の時がやってきたのである。今は無き〈イザイホー〉の初日にあたる日の午後、久高殿の「神アシャギ」（神を招いて祭事を行なう小屋）の中で、若い神人が祈りを捧げていた。

久高島には、数多くの神々がいる。比嘉康雄氏は、島の神々について次のように述べている。

……久高島の人びとは、ウタキには常に祖先神がいて島を守り、カベールムイには竜宮神がいて海の幸をもたらし、東方の海の彼方、久高島の人々の死後の世界であるニライカナイからは、神が定期的に島を訪れ、祓い清めてくれる。天には太陽と月の神がおり、常に島人のしあわせをもたらしてくれると信じているのである……（比嘉康雄『神々の島　沖縄・久高島のまつり』平凡社、一九七九年）

このように久高島の年中行事は、神女たちが主催する農耕に関する祭りと、男たちが主催する漁撈に関する祭りを柱に構成されてきた。さらには、島人たちの健康祈願、祓い清めの祭り、「ニライカナイ」（ニラーハラー）からの来訪神に関する祭りなどに大別される。また、太陽や月、井泉に対する自然崇拝《アニミズム》も大切にしている。

祭りは、一ヶ月に二から三回、多いときは四回もある。祭りの日取りは、「ティキガナカ」（月の中の意）の〈ミンニー〉の日が良いとされる。〈ミンニー〉とは、「みずのえ」「みずのと」「きのえ」「きのと」の四日間のことで、「きのえ」「きのと」は〈ウットゥミンニー〉と言われている。ちなみに〈ウットゥ〉とは、弟の意味であり、「みずのえ」「みずのと」が優位にある日取りとされた。この日取りは、かつては「ノロ」（祝女）などの「クニガミ」（ムラ単位の祭りを司祭する神役）たちが決めていた。今は、残された神人たちで話し合って決めている。

神人たちは、年中行事の際の祈願を「ウムイ」（思い）の歌に込め、〈イザイホー〉の「ティルル」（神歌）を祭儀の中で「神遊び《カミアシビ》」の歌として謡ってきた。まさに、それらには島の人々の〈思い《ウムイ》〉と〈願い《ニガイ》〉が言霊として込められていると言えよう。「ウムイ」と「ティルル」の違いについては、国文学者の桜井満博士が編集した本に、次のような記述があった。

……イザイホーの歌には、ウムイとティルルがある。ウムイは香炉に向って坐って謡うもの、ティルルは立って舞いながら謡うものという区別があるのではないかという。アシビ（遊び）の歌はティルル、祈願の歌はウムイということになろうか……。（桜井満編『神の島の祭りイザイホー』雄山閣、一九七九年）

多くの神歌の中から鑑みるに、「七つ橋渡り後のイザイホーのムトゥティルル」の内容こそが、「ティルル」の本質を言い当てていよう。その大意については、比嘉康雄氏と谷川健一氏が著した『神々の島　沖縄・久高島のまつり』（平凡社、一九七九年）からの抜粋で次に記載したい。

イザイホーのムトゥティルルを声高らかにうたいました。
どうぞナンチュたちを一二〇歳までも長生きさせて下さい。
嶽々を栄えさせ、
夫を栄えさせ、息子たちを栄えさせ、
元を栄えさせ、島を栄えさせ、
ノロの畑も、ムラ人たちの畑も栄えさえて下さい。
北の海へ行く、久高の男たちを守って下さい。
今年一年中、みんな、しあわせにして下さい。
神女たちは、
ニライカナイを拝み、天を拝み、
真南にあるスベーラキを拝みます。

明日の早朝には、もっと、もっと拝みたてまつる。
どうぞ、御神様、お聞き届けください。

この「ティルル」（神歌）を読むと、久高島に生きる人々の深い信仰心と、日々の暮らしの中での〈思い《ウムイ》〉や〈願い《ニガイ》〉が込められていることが分かる。この「ティルル」（神歌）は、〈イザイホー〉の三日目の円舞の際に歌われるものであった。祭祀で捧げられる「ティルル」は数多くあるが、神女たちは祭祀の前に特に練習などはせず、「その時になると神が歌わせてくれる」と言っていたという。神女と神が一体となり、神女の声を借りて神が歌ってこそ、「ティルル」となるのであろう。

〈イザイホー〉には、「アシビ」（遊び）という名称がついている儀式があり、「神遊び《カミアシビ》」を意味する。「ユクネーガミアシビ」（夕神遊び）から始まり、「カシララリシビ」（かしら垂れ遊び）、三日目の「ハーガミアシビ」（井泉の神の遊び）などがあり、現代的な意味の〈遊び〉の観念とはまったく異なる。桜井満氏の著書では、「神遊び《カミアシビ》」については、次のように触れられている。

……久高島では、イザイホーの時にノロ以下のカミンチュ（神人）が歌い舞うことを、アシビまたはカミアシビと言う。折口信夫氏の言う〈遊び〉の原義…鎮魂のための歌舞が、ここに顕然と生きているのを知ることができるのである。
また、そういう〈神遊び〉にうたう神歌を、この島では「ティルル」と呼んでいる。これをオモロとかウムイと呼ぶ人もあるが、ティルルとウムイ（オモロ）との間には区別があるようである。

久高ノロ（安泉ナヘ氏）の話によれば、ティルルは神様に申し上げることばで立ってうたうもの、ウムイは坐ったままうたうものではないかということである……（桜井満編『神の島の祭りイザイホー』雄山閣、一九七九年）

「神遊び《カミアシビ》」は久高島だけではなく、琉球諸島の各地の祭祀にも広く残されている。久高殿の庭での「神遊び」では、水神の居ます井泉《カー》に対して〈イザイホー〉の「ティルル」が謡われ、感謝の舞いが捧じられる。「ハーガミアシビ」という神歌の調べに乗って神人たちは舞ったという。

【ハーガミアシビ（井泉への感謝の舞い）】

ヒーユスマーヤ（久しく）　ナマイガーヤ（今日の良き日）
ムムトゥマール（十二年ごとに）　ティントゥマール（めぐってくる）
イザイホーヨ（イザイホーよ）　ナンチュホーヨ（ナンチュホーよ）
イティティグゥルー（イティティグゥルー）　ウトゥガニヤ（ウトゥガニヤ）
タルガナーガ（タルガナーの）　アムトゥシジャ（始祖は）
マチヌシュラウヤサメーガ（月神が）　タボーチメール（管掌している）
クガニミスジ（黄金の御スジ）　クゥガニウムトゥ（黄金のウムトゥ）
ウサギノーチ（スジつけをして）　ナンチュホーヨ（ナンチュホーよ）
ヒャクゥニジュウガ（百二十歳までも）
タキブゥクイ（タキが栄え）　ムイブゥクイ（森が栄え）

フサティブゥクイ（夫が栄え）　ウンジブゥクイ（息子が栄え）
マダマソーティ（真玉をして）　ティダマソーティ（手玉をして）
イティティバシラ（五ッ橋）　ナナティバシラ（七ッ橋）
アシトゥンシャン（足音もなく）　ピイシャトゥンシャン（足音もなく）
ムルトゥヌギ（軽々とこえ）　ムルヌグイ（とぶようにこえ）
ムトゥサカイ（草分けの家が栄え）　ニームテー（根家が栄え）
シマサカイ（島が栄え）　シマムテー（島が栄え）
ヌハルユイ（ノロの畑が栄え）　グゥユシユイ（シマ人の畑が栄え）
ニシハイラ（北に行く）　ハイニシラ（北に行く）
フボヨリーガ（久高人が）　アイジュハタ（行くところ）
イトゥハティティ（絹のように波静かに）　タビミソーリ（してください）

（比嘉康雄『日本人の魂の原郷　沖縄久高島』集英社新書、二〇〇〇年）

このような美しい詩学に基づいた舞いや神歌は、今は存在しない。だが二〇一二年一月五日、すなわち旧暦の午年の一一月一五日、〈イザイホー〉の初日にあたる日に久高島では、新たな息吹が芽生えていた。久高殿の「神アシャギ」の中で、若い神人が祈りを捧げていたのである。静かながらも、〈イザイホー〉の「ティルル」（神歌）の旋律が謳われていた。「まるで、老木に新芽が生えるような詫びの神歌であった」と映画監督の大重潤一郎氏は回想している。

久高島の初日の出（旧正月） 2009 年

祭祀の前に静まる外間殿 2021 年

ノロ家へと向かう神人（旧正月）　2005 年

ハッシャ（村頭）代行になった内間豊さん　2005 年

旧正月のアシビナー（遊び庭）を盛り上げる三線弾きと謡者

晴れ着姿で外間殿に向かう子どもたち（旧正月）　2005 年

根人（ニーチュ）に話しかけるウメーギ　2013 年

晴れ着姿の子どもたち（旧正月）　2005 年

旧正月で外間殿に上る新しい神人　2013 年

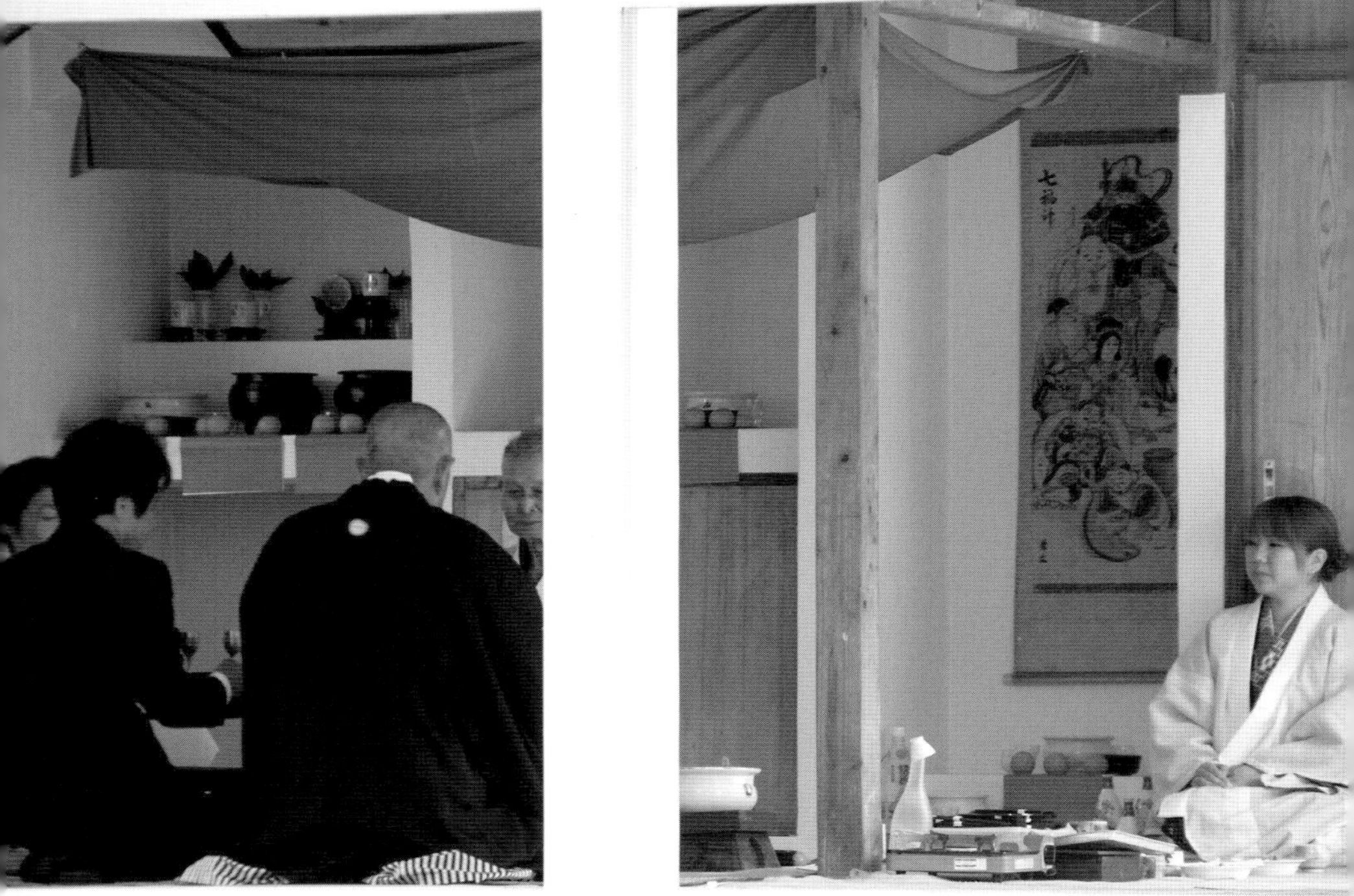

旧正月のシャクトゥイを授ける神人たち　2013 年

シャクトゥイを受けたウプシュの男たち　2013 年

シャクトゥイの後で舞うカチャーシー　2015 年

旧正月のハツウクシが行われる徳仁港　2010 年

旧正月のハツウクシで踊る海人　2013 年

10 霊性のコモンズと死生観

久高島という「シマ共同体」を持続させる道筋として、琉球諸島の島々との共通項を探れば、その中核となるものは「生態智」であろう。その概念は、「自然に対する深く慎ましい畏怖・畏敬の念に基づく、暮らしの中での鋭敏な観察と経験によって練り上げられた、自然と人工との持続可能な創造的バランス維持システムの技法と知恵」と捉えられる（『比較文明 第29号』比較文明学会、二〇一三年）。これは、宗教哲学者の鎌田東二氏による提言である。また琉球諸島の島々を「コモンズ」（公共資源管理）の視点から見れば、「霊性のコモンズ」という概念とも言い換えられよう。つまり「霊性」（スピリチュアリティ）に基づいて、島嶼地域における資源を分配する仕組みである「コモンズ」が如何《いか》に運用されるべきであるか、その可能性について探ることに意義があろう。

神人の自然崇拝としての〈神々との「コミュニケーション」〉と海人の〈漁撈資源を共有する「コモンズ」〉の関係性は重要であり、「シマ共同体」の営みにはシャーマニズムの影響があると言えよう。すなわち、「シマ共同体」における海人の営みには、シャーマン的な役割をもった神女たちの関与があるのである。その影響が漁撈祭祀や豊漁祈願、富の分配などに一定のルールを与え、海の資源を分かち合う「コモンズ」と連動して機能していると言える。

例えば、久高島の「七月綱《シチガチジナ》」は、海の富を分配する「コモンズ」の機能を果たしている。漁では二隻の舟が円を描くように網を張って、目標とする漁獲量に達するまで、何回も網を入れる。採れた魚はすぐに港に水揚げして、島人たちが総出で刺身にしていく作業をする。刺身にしない魚も事前に確保し、古い家の祖霊に供える分と漁に出た参加者の分に取り分けて配分していく。さらに獲れた魚の中から〈クニガミ〉(上級神職者)に捧げる供え物である「ウタカムン」を取り分ける。残りは、島の人々で平等に分けていく。このような「七月綱」は、「ソールイガナシー」という男性祭司が指揮をしていたが、二〇〇二年、その役職はついに後継者がいなくなった。現在も、「ソールイガナシー」は不在のままであるが、この「ウタカムン」(神人への魚の捧げ物)の分配の慣習は続けられている。

また、「コモンズ」が機能するような「シマ共同体」の動きもあった。二〇〇三年に「久高島振興会」が立ち上がり、島の活性化を目的に有志で作られた組織が動き始めたのである。その総会において、島の伝統的産業である〈イラブー漁〉の復活について、話し合いが行われていた。〈イラブー〉は毒を持つ海蛇で、その採取から燻製までが祭祀の一部として行われてきた。〈イラブー漁〉の復活への先駆けとなるのは、一九九六年に途絶えた村頭の復活である。村頭は「ハッシャ」(法者)と呼ばれていた。その「ハッシャ」の中から漁撈の神役である「ソールイガナシー」が選ばれ、祭祀を取り仕切る報酬として、〈イラブー漁〉の権利が与えられていた。「ハッシャ」の復活は、〈イラブー漁〉の復活とともに、祭祀の崩壊への歯止めとなる。

「ハッシャ御願立て《ウガンダティ》」が二〇〇四年一月一九日に行われ、まずは「ハッシャ」の代行役という形から復活した。神人たちは〈イラブー〉が集まってくる「イラブーガマ」という海岸洞窟の近くの岬で、西の海に向かって祈った。「ハッシャ」は「ソールイガナシー」になる前に務める重要な役職であるので、まず、「ハッシャ」の代行役の誕生を神々に報告したのである。祈りが終わると、内間豊氏と内間正治氏の二人が「ハッシャ」代行として正式に就任した。それは、途絶えようとしていた伝統が再生する第一歩であった。その後で〈イラブー〉の燻製小屋に向かい、久々に扉を開いた。

「久高島振興会」の総会で、当時の区長の内間順千氏はこう述べている。

……本日は、先月に引き続いて、イラブーの問題と提案がありましたので、そのイラブーの問題を論議したいと思います。それから、ウガン浜では観光客がだいぶ賑わっております。日ごとに観光客の数が増えて、我が聖域であるウガン浜が汚されているのではないかと心配しています……

確かに、「神の島」としての歴史に誇りを持ち、神事、祭祀を通して育まれてきた島人の精神世界を再確認することは重要である。それによって守られてきた御嶽《ウタキ》など、聖域の自然が汚されずに存在することは、島人にとっては霊性的にも大きな財産となる。そのかけがいのない財産が資本主義の荒波に呑み込まれようとしていた。

だが一方で、現在の経済社会の中では、久高島の生活様式は何周も遅れたものと見なされてきたが、「一周遅れのトップランナー」になる可能性もある。「ハッシャ」代行の一人である内間豊氏は、その可能性を信じ、復活した〈イラブー漁〉と久高島の未来について次のように述べていた。

……久高島では、まずハッシャがいなくなったんです。ハッシャの役をすると、ソールイガナシーの役を受け継がなければいけないという伝統がありました。そのハッシャの役をする人がいなくなって代行を出したけれども、かってにイラブー魚をする人も出て、無駄働きになってしまい、その結果、ハッシャ代行もいなくなって、やがて行事も衰退していきました。

しかし、イラブーは末端価格にすると何万数千円します。それをレストランに提供すると、上がる収益でもっと人間の確保もできます。その人たちには字《あざ》（集落）の行事も手伝ってもらい、清掃とかをしてもらうこともあります。

イラブーは、久高島にとっては、一般によく知られた一大産業です。イラブーは、世界各地で獲れる場所もあるが、それを燻製にする技術が久高島は独特です。だから、久高イラブーというブランドになっています。これは絶対大事なことです……（記録映画『久高オデッセイ 第一部』より引用）

二〇〇四年の旧正月は、八年ぶりに復活した「ハッシャ」の初仕事の場となった。当時の区長の内間順千氏は声高に、久高島の新しい時代の到来を宣言した。

……今年は酉《とり》年、夜明けを告げる動物です。まさしく、久高島の夜明けがやってまいりました。島はおかげさまで色々な面で大きく動きつつあります。ご覧ください。昨年とこの場が変わった雰囲気を感じ取られるかと思います。

ハッシャ業務を復活させるべく、私ども一生懸命に努力してまいりました。おかげさまで、八年ぶりにハッシャの復活を果たすことができました。内間豊、内間正治、ご両人がハッシャに就任しました。皆さん、盛大に激励の拍手を送ってください。衰退していく祭祀行事に歯止めをかけるべく、イラブー漁の復活は、久高島の夜明けであります！……


確かに「神の島」においては、〈琉球の魂の聖地〉としての地下水脈は涸《か》れていなかった。島は最も深い、根っこのところから甦りつつある。豊かな稔りを得るためには、深く根を地中の水脈に伸ばさなければならない。「神の島」と呼ばれる久高島は、この時代の流れの中で、「一週遅れのトップランナー」になろうとしているのだった。

このように、琉球諸島における自然と人間の繋がりに関して、「コモンズ」（公共資源管理）と「霊性」（スピリチュアリティ）の相関関係に着目していくと、久高島の人々は「神の島」という世界観を強く持っており、「霊性」に基づいて祭祀組織と年中行事が運営されていることが分かろう。「シマ共同体」に生きる人々の生活様式と、自然の神々へのコミュニケーションを交える視点が、「霊性のコモンズ」の重要性に気づく上での第一歩となり、新たな「シマ共同体」のあり方が「生態智」の実践へと繋がるであろう。

南城市には六〇ほどの「字《あざ》」（＝区）があり、久高島の字久高もその中の一つに過ぎない。だがNPO法人の「久高島振興会」の存在は、島の未来にとって重要な決議システムとなっている。

かつて、ホテル建設、ゴルフ場誘致、架橋の敷設のような開発計画が次々と立ちあがった。それらは全てが立ち消えたが、いずれにしても、このままでは現代資本主義は島々を欲望の渦に巻き込みながら、「神の島」をも閉塞させていくであろう。拝金主義的な事業を受け入れるのであれば、長い目で見て苦境に追い込まれていくであろう。

久高島では、新しい経済システムも次々に生まれてきている。例えば、二〇〇〇年代の半ばには、雇用再生事業として二人の失業者が島の遊休地を有機農業で再生していく試みもあった。二千坪の土地を再開発し、草々で荒廃した原野をもう一度、畑に再生するという農業経済の構築である。次世代の経済システムのひな型がつくれないかという模索でもあった。

一方で、土地の問題として遊休地が徐々に増えている。かつて、島の耕作可能な場所というのは、御嶽《ウタキ》以外の土地であり、島内の御嶽のほとんどは森になっていた。畑であった土地も、近年は人手が加わらずに原野に戻っている。島人たちが十数ヶ所の畑を割り当てられていても、今や耕す人や借りる人がいない状況である。そうなれば、休閑している農地は旧来とは異なったシステムで運用していくしかない。

新しい技術として、「カバークロップ」(休閑畑に緑肥として植える作物)を使った実験を始め、自然農法を導入しつつ、微生物を使うことで土地改良をしようとし、次世代型の農業へと繋げる挑戦も試験的に始まっていた。

琉球王朝の時代以来、島では今も「地割制度」の痕跡が残り、字有地《あざ》などを除いてすべて土地は共有地とされ、現在も「久高島土地憲章」に基づく分配と管理が行われている。久高島に「土地憲章」があることこそが、未来の「霊性のコモンズ」(神と人による公共資源管理)としてのモデルになり得ると考えられよう。目指すべき「シマ共同体」とはどのような形態を理想とし、次世代のために如何《いか》に構築していくのかが、具体的かつ実践的に問われなければならない。その手掛かりを「久高島土地憲章」が提示してくれているると、共鳴している人々は多い。

現代資本主義の渦中にあっても、久高島の土地は、私有地としてではなく共有地（総有地）として守られてきた。「神の島」と呼ばれた小さな島に住む人々が、いま地球規模で直面している問題群を抱え、世界の縮図を生きているとも言えよう。このような潮流の中でも「生態智」を実践していく道を見い出すことが、新たな「霊性のコモンズ」の確立へと繋がるのである。

ところで島人たちにとっては、島で「よりよく生きること」は、島で「よりよく死ぬこと」にも繋がることを死生観として意識することも多々あろう。島人たちの他界観を捉えるために、久高島の墓と風葬について、戦前まで遡ってみることで垣間見えることがある。久高島の東海岸には「グショウ」（後生）という共同墓地があった。絶壁の谷間のようなところで、近づきがたい霊威に満ちた地である。葬式や特別な場合以外に近づくことが禁じられている。一九三九年に『南方文化の探究』を著した河村只雄氏によれば、断崖の上から「グショウ」を覗《のぞ》くと、五つ、六つの横棺が岩石の間に散在していたという。当時（一九三〇年代）は死体は棺に納められて岩石の間に置かれ、付近には骨壺が幾つもあったという。かつての島人は遺骸が自然と白骨になってゆくのを待ち、一二年目ごとに故人を洗骨して陶製の甕《かめ》に納めていたという。

河村只雄氏は、久高島の西海岸には亀甲墓が立ち並んでいるのを見聞し、やがては風葬は無くなっていくだろうと予測していた。この島の風葬は、戦前にしては現代的であると河村氏は述べているが、木棺に死人を入れて結わえ、下駄や傘などを捧げ置くのは、戦後も暫《しばら》く行われていた風葬の形態とみられる。それが河村氏のいう〈現代的な風葬〉であり、木棺はこのように風葬に利用されていたのである。

田村浩氏も『琉球共産村落の研究』（一九三六年）において、河村氏と類似したことを述べている。

……久高島ニ共同墓地アリテ風葬ヲナス。海岸ニ近キ岩石ノ間ニ累々トシテ棺ノ横タハルヲ見ル。棺ハ木ニテ造ラレ風雨ニ曝サレテ汚損シ白骨露ル、昔時ハ死体ヲ其ノ儘崖下ニ遺棄シタリシモ、今ハ棺ニ死体ヲ納メ下駄・傘等故人ノ愛用セル私有品ヲ捧ゲ置ク。而シテソノ儘風雨ニ曝シ十二年目ニ洗骨ヲナシ陶製ノ甕ニ納骨ヲナス。此ノ共同墓地ヲ後生（グショウ）ト言ヒ人ノ往来ヲ禁ゼリ。前述セルガ如ク、琉球本島地方ニハ所々ノ洞窟ニ白骨累々トシテアルハ昔時墳墓ノ最モ原始的形式ナル風葬ノ一種ナリトス……

近年、「死生観の多様性」への関心の高まりとともに、「死」について様々な角度から光を当てる本も数多く出版されている。現代ほど、私たち一人ひとりが自身の「死生観」を揺さぶられ、その答えを求める時代はなかったであろう。しかし、このような環境の変化のもと、万人が共有できる「よりよく死ぬ方法」を導き出すことは殆ど不可能であろう。「死」を実感する機会は少なくなり、今でも多くの場合、葬送儀礼はそれぞれの文化においての「他界」への道行きを想定して行われる。しかし遺体に対する実際的な処置は、医療者・葬儀業者によって行われる事が一般的になり、遺族でさえも身内の遺体に触れる機会は減少している。

久高島の伝統的な精神文化における死生観や他界観が、その答えそのものにはならないとしても、自らの「死生観」を再構築していく上での一つのよすがになるのではないだろうか。

総有制で小石の区切りのある農作地　2005 年

長細い土地での畑仕事　2008 年

ユーウラヌ浜での「ウタカムン」としての魚の分配　2005 年

徳仁港で魚を七等分に並べる海人（アミドゥシ）　2008 年

ヤドゥイ（仮小屋）で共食をする男たち（アミドゥシ）　2008 年

浜の祭場に下りる神女（アミドゥシ） 2008 年

竜宮神に向かって合掌する神人（アミドゥシ） 2008 年

シディガフー（御願結び）で祈りを捧げる神人　2009 年

外間殿でのウメーギの祈り（シディガフー） 2009 年

ヘーナガーキ（新年を祝う歌謡）で踊る神人（旧正月） 2003 年

風車や紙花で飾られたトラック　2008 年

祝儀に欠かせないエイサー　2009 年

ハティグワッティの輪踊り（ビンヌスーヌー）　1976年（比嘉康雄撮影）

イザイホーの儀式（朱リィキィアシビ）　1978年（比嘉康雄撮影）

おわりに——神の島を記録する眼

最後に、久高島の祭祀と儀礼から見えてくるものを想い、「原郷のニライカナイへ　琉球の魂の聖地・久高島」という本書を綴った動機に話を戻したい。この島は沖縄本島の東南約五キロに浮かび、人口は二〇〇〇年代前半に公証していた約三〇〇人から人口は減り続け、旧正月や八月マッティ、久高島大運動会などの島を挙げた行事以外の日では二〇〇人もいない。

この島は古代から続く祭祀文化が残るからこそ、「神の島」と呼ばれてきた。しかし、島の女性が神女になる〈イザイホー〉の儀式は、後継者不足で一九七八年を最後に途絶えている。この小さな離島を世に知らしめた〈イザイホー〉は、一二年に一度午年《うま》に行われ、島で生まれ育った女たちが神女になるための継承儀礼であった。三〇歳から四一歳までの女たちが祖母の霊力を受けつぐ。この祭祀は一九九〇年の午年にも開催できず、二〇〇二年には、神女たちは〈イザイホー〉が行えないことに対して、神々への御詫びを懸命にしていた。「わび御願《ウガン》」は、神女たちの悲痛な叫びでもあった。

役割を終えた古い「サバニ」（小舟）が、海人《ウミンチュ》の見守る中で、クレーンで無造作に積み上げられて燃やされていく風景を今でも鮮烈に覚えている。かつて「サバニ」は漁師の暮らしを立てる生命線であった。まさに二十一世紀に入って、島には社会変容の激浪が押し寄せ、〈揺れうごく聖域〉として未曾有の時代が始まったのであった。気がつけば、神女の人数が減少しつづけ、その祭祀組織が崩れ始めていた。また、手づかみを原則としていた〈イラブー漁〉も一時低迷した。つられるように、〈イラブー漁〉の権利を有していた村頭の「ハッシャ」も担い手がいなくなった。ついには二〇〇三年、漁撈祭祀の神役である「ソールイガナシー」の後継者も途絶えた。怒涛にさらされる島人たちは、久高島という場所で生き続けるすべを必死に模索していた。

写真家の比嘉康雄氏は、そんな苦境が島にもたらされる前に、島人たちの姿を記録していった。『神々の古層5　主婦が神になる刻　イザイホー〔久高島〕』を出版したのが、一九九〇年の午年《うま》のことであった。その時は〈イザイホー〉で新たな神女を誕生させるために、一二年ぶりに祭祀が行われるかもしれない…という期待感が高まっていたが、結果として何も行われなかった。この写真集は一二巻シリーズの第五巻にあたり、琉球諸島の祭祀を追い続けてきた比嘉康雄氏の、三〇年にわたる集大成の連作でもある。二〇〇〇年に比嘉氏が亡くなり、一〇年後の節目に、沖縄県立博物館・美術館で「母たちの神―比嘉康雄展」が開催された。膨大な写真群がリプリントされ、一堂に展示された。筆者も実行委員会の末席に加えていただいたが、この『神々の古層』シリーズを核としたからこそ、「母たちの神」という企画展が強度をもったと考えている。

写真集の中にある〈イザイホー〉の踊りの渦を見るたびに、神女たちが島外の人々の欲望の渦を背負わされている感じがするのは、筆者だけであろうか。多くの写真家や映像作家、研究者、マスコミ関係者たちは、心の深部をこの島に魅せられてしまっている。みな心の渦を持ち、古代に思いを馳せ、キャメラを回したり、言葉を紡ぐ。それだけ、「ウチナーンチュ」（琉球人）の魂の象徴たる久高島に魔力がある…と言えよう。

筆者自身も記録映画『久高オデッセイ』（大重潤一郎監督）の撮影や前著作の執筆において、この島の魔力に囚われた経験がある。しかし結局はキャメラを捨て、〈島の記憶は島の人が記録すべき〉という結論に辿り着いた。この一五年で、〈沖縄の記憶は沖縄の人々が記録すべき〉という流れが強く出てきたこともあった。島々の祭祀や儀礼のことを、他者がどうこう言うべきでないし、安易に言葉を外部に発して、祈りを乱すことは許されない。

久高島においてキャメラを捨てた人間であるが、〈イザイホー〉の前々日に島に渡った。もちろん祭祀は行われない。本来なら旧暦一一月一五日が初日で、二〇一五年は一月五日がその日にあたった。その前日の明け方まで、久高島出身の外間光監督と想いを語り合った。

「この一〇年の祭りを光と影の運動体として、時間にしたいんだよ。霊的な存在と生きている存在が入り乱れ、気がついたら無になっている。誰もいない〈遊庭《アシビナー》〉だけが残っているんだ。〈空《くう》〉に還っていく感じかなぁ…。」（外間光監督『イザイホーの残照』として記録映画化）

さすが「神の島」の血筋か、彼の言葉の奥に潜む何かに、言い知れぬ畏れを抱いた。彼は先祖と同じく、久高島から台湾、そしてアジアへと繋がる血の流れを漂泊し、比嘉康雄氏の魂を受け継いでいるように感じた。なぜか、一緒に漂流していると感じる自分がいた。

午年の〈イザイホー〉の初日は、その語らいの日の翌日にあたり、一二年目の祭日として遂に巡ってきた。当日の午後、久高殿の「神アシャギ」の中で、若い神人が祈りを捧げていた。静かながらも、〈イザイホー〉の「ティルル」（神謡）の旋律が謳われていた。地下水脈からにじみ出てくるような歌声であった。その日、筆者の映画の師である大重潤一郎氏は、伊敷浜《イシキバマ》に朽ちた老木に新芽が生えているのを見て、「祭りは途絶えているが祭りの命は息衝《いきづ》いている…」と感じたという。

祭りは人間が生きている限り行われる。生きていることの証が祭りである。祭りが衰退しても、やがて違った形で復活するであろう。大重氏は、一二年間も待っていた島の姿を確認し、「この島こそが楽園であり、ニライカナイである」と悟ったそうである。彼自身の死の直前に至った境地であった。そして次のような遺言を残している。

……東の海の向こうには、ニライカナイがあると言われている。しかし、この島こそが、この地上こそが、楽園ニライカナイではないか、と思えてくる。

地球の七割が海である。陸地が海によって、繋がっている。海に育まれている久高島は、姿を変えながらも、脈々と命を繋いでいたのを実感した……

久高島の「死生観」と「他界観」、そして、よりよく生きるための祭祀と儀式のあり様を見ていくと、日々の営みと祈りは、琉球の魂となって地下水脈のように流れ続けている…ということに気づかされる。そういう意識をより多くの人々と共有することで、「神の島・久高島」と、島人の「魂」（霊性＝スピリチュアリティ）

の再生が始まっていくのかもしれない。
本書を久高島でお世話になった方々に捧げたい。また、故・大重潤一郎氏と比嘉康雄氏の御遺族、鎌田東二氏に深く御礼を申し上げたい。最後に、映像と写真を共に記録した旧ＮＰＯ法人 沖縄映像文化研究所の同志たちに感謝の意を示したい。

【参考文献】

赤嶺 政信 「沖縄の霊魂観と他界観」、渡辺欣雄編『祖先祭祀』凱風社、一九八九年
赤嶺 政信 『おきなわ民俗学散歩 シマの見る夢』ボーダーインク、一九九八年
赤嶺 政信 『歴史のなかの久高島 家・門中と祭祀世界』慶友社、二〇一四年
伊波 普猷 「ヲナリ神」、『ヲナリ神の島（１）』平凡社、一九七三年（初版一九二七年）
植松 明石 「オナリ神」、『沖縄大百科事典』沖縄タイムス社、一九八三年
小川克巳・川上幸子 『神の島 久高島―年中行事とイザイホー』汐文社、一九九三年
鍵谷 明子 『インドネシアの魔女』学生社、一九九六年
河村 只雄 『南方文化の探究』講談社学術文庫、一九九九年（初版一九三九年）
桜井 満 編 『神の島の祭り イザイホー』雄山閣、一九七九年

桜井満編　『久高島の祭りと伝承』桜楓社、一九九一年
谷川健一　『日本の神々』岩波新書、一九九九年
小島瓔禮　『日本の神話　国生み・神生みの物語』筑摩書房、一九八三年
田村　浩　『琉球共産村落の研究』至言社、一九七七年（初版：岡書院、一九二七年）
長田須磨　「奄美大島における葬礼及び洗骨」、大藤時彦・小川徹編『沖縄文化論叢　第2巻　民俗編1』平凡社、一九七一年（初版一九五五年）
波平恵美子　「民俗としての性」、網野善彦ほか編『日本民俗文化大系10　家と女性』小学館、一九八五年
成定洋子　「オナリ神信仰再考―フェミニスト人類学的視点から」、大阪大学大学院文学研究科日本学研究室編『日本学報　一九』、二〇〇〇年
波照間永吉　「小浜島の種子取り祭りの儀礼と歌謡」、沖縄国際大学南島文化研究所編『八重山、竹富町報告書（二）』、一九九九年
比嘉政夫　『女性優位と男系原理』凱風社、一九八七年
比嘉康雄　『神々の原郷　久高島　上下巻』第一書房、一九九三年
比嘉康雄写真・谷川健一文　『神々の島―沖縄・久高島のまつり』平凡社、一九七九年
比嘉康雄　『日本人の魂の原郷　沖縄久高島』集英社新書、二〇〇〇年
比嘉康雄　『琉球弧　女たちの祭』朝日新聞社、一九八〇年
比嘉康雄　『神々の古層1　女が男を守るクニ　久高島の年中行事Ⅰ』ニライ社、一九八九年
比嘉康雄　『神々の古層2　女が男を守るクニ　久高島の年中行事Ⅱ』ニライ社、一九九〇年

比嘉　康雄　『神々の古層5　主婦が神になる刻　イザイホー』ニライ社、一九九〇年
堀場　清子　『イナグヤナナバチ―沖縄女性史を探る』ドメス出版、一九九〇年
馬渕　東一　『馬渕東一著作集　3』社会思想社、一七七四年
馬淵　東一　「沖縄先島のオナリ神（二）」、『馬淵東一著作集　第3巻』社会思想社、一九八八年（初版一九五五年）
村武　精一　「南部琉球における象徴的二元論再考」、『環中国海の民俗と文化　二』凱風社、一九九一年
吉成　直樹　「琉球列島における「女性の霊的優位」の文化史的位置」、『沖縄文化研究　二七』法政大学沖縄文化研究所、二〇〇一年
吉成　直樹　『琉球民俗の底流　古歌謡は何を語るか』古今書院、二〇〇三年
琉球新報社 編　『トートーメ考　女が継いでなぜ悪い』琉球新報社、一九八〇年

※本書の写真は、旧NPO法人 沖縄映像文化研究所（大重潤一郎・理事長）で撮影したものである。筆者は記録映像『久高オデッセイ』の助監督、NPO法人理事として制作活動に従事し、久高島の方々の御協力を得るに至った。また、大重潤一郎氏の御縁で比嘉康雄氏の写真を二点ほど、使用させて頂いている。これらは映画の中に挿入するために、『久高オデッセイ』の第一部の冒頭部分で使用する予定であったものである。

著者略歴

須藤　義人（すどう　よしひと）

1976年　神奈川県横浜生まれ。
2000年　早稲田大学社会科学部卒業（比較基層文化論）。
2007年　沖縄県立芸術大学大学院博士課程単位取得退学（芸術文化学）。
現在、宗教哲学者・映像民俗学者（沖縄大学人文学部教授）、宗教実践者（スリランカ仏教僧・真言宗得度・インド仏教沙弥）、映画助監督（元NPO法人沖縄映像文化研究所理事）。

著書

『神と仏のスピリチュアルロード―生きゆく祈り・死にゆく瞑想』（榕樹書林、2022年）
『神の島の死生学―琉球弧に生きる島人の民俗誌』（芙蓉書房出版、2018年）
『久高オデッセイ』（晃洋書房、2011年）
『マレビト芸能の発生―琉球と熊野を結ぶ神々』（芙蓉書房出版、2011年）
『共生と循環のコスモロジー―日本・アジア・ケルトの基層文化への旅』（共著、池田雅之編、成文堂、2005年）

映像作品（助監督）

『久高オデッセイ　第一部』（NPO法人沖縄映像文化研究所・文化庁助成、2006年）
『フェーヌシマのきた道』（沖縄大学映像民俗学研究フォーラム・ポーラ伝統文化振興財団、2007年）
『古宇利島・神々の祭り』（今帰仁村教育委員会・地域創造助成、2010年）
『久高オデッセイ　第二部・生章』（NPO法人沖縄映像文化研究所・文化庁助成、2011年）

受賞歴

第四回「猿田彦大神と未来の精神文化」研究助成一席（2001年）
第六回「司馬遼太郎フェローシップ」受賞（2003年）

原郷のニライカナイへ　琉球の魂の聖地・久高島

ISBN 978-4-89805-246-4 C0339

2023年12月1日　印刷
2023年12月9日　発行

著　者　須　藤　義　人
発行者　武　石　和　実
発行所　榕　樹　書　林

〒901-2211　沖縄県宜野湾市宜野湾 3-2-2
TEL.098-893-4076　FAX.098-893-6708
E-mail:gajumaru@chive.ocn.ne.jp
郵便振替 00170-362904

印刷・製本　（有）でいご印刷

がじゅまるブックス 19

HATERUMA
ISBN978-4-89805-104-9 C1039
波照間：南琉球の島嶼文化における社会＝宗教的諸相
コルネリウス・アウエハント著／中鉢良護訳／静子・アウエハント、比嘉政夫監修
レヴィ・ストロースと柳田国男を師とし、名著『鯰絵』で知られるオランダ構造人類学の旗手アウエハントが1965年〜1975年の調査をもとに、1985年に英語版で刊行した名著の完全邦訳版。波照間島の社会と宗教に内在する構造原理とは何かを問うた本格的な島嶼民族誌。
A5、600頁　定価13,200円（本体12,000円＋税）

自然観の人類学
ISBN978-4-947667-65-6 C3039
松井健編　人間と自然との関わりを新しい視点から解析し、幾つもの自然のあり様を提起した新進気鋭の12名の論文集。
西谷大、管豊、篠原徹、窪田幸子、永ノ尾信悟、菅原和孝、高倉浩樹、子島進、松井健、武田淳、河合香吏、赤嶺政信
A5、上製、490頁　定価10,450円（本体9,500円＋税）

がじゅまるブックス⑬
ISBN978-4-89805-203-7 C1339
キジムナー考 ―木の精が家の神になる
赤嶺政信著　沖縄の妖怪として知られるキジムナーの本源を探り、木の精霊と建築儀礼との関係性を明らかにする。　A5、112頁　定価1,100円（本体1,000円＋税）

がじゅまるブックス⑭
ISBN978-4-89805-215-0 C0339
八重山民話の世界観
石垣繁著　豊穣なる民話から見えてくる島の生活とその世界観を掘る。パイパテローはどこにあるのか？　A5、116頁　定価1,100円（本体1,000円＋税）

がじゅまるブックス⑰
ISBN978-4-89805-227-3 C0372
沖縄・宮古島 島尻の秘祭ウヤガン 大城弘明フォト・アイ
大城弘明著　秘密のベールにおおわれたウヤガンを記録した貴重な映像。
解説：大城弘明・川満信一・富樫守　A5、112頁　定価1,430円（本体1,300円＋税）

がじゅまるブックス⑱
ISBN978-4-89805-231-0 C0339
稲の旅と祭り ―シチと種子取
大城公男著　八重山の失われた祭りの原型を求めて稲のきた道を追う。前著『八重山・祭りの源流』のいわば補遺編。　A5、114頁　定価1,100円（本体1,000円＋税）

がじゅまるブックス⑲
ISBN978-4-89805-246-4 C0339
原郷のニライカナイへ ―琉球の魂の聖地・久高島
須藤義人著　イザイホーの島、久高島に内在する多様な信仰の世界を島の自然と人々の生活を通して描く。写真多数。　A5、116頁　定価1,320円（本体1,200円＋税）

沖縄学術研究双書⑪
ISBN978-4-89805-197-9 C0339
おきなわの民俗探訪 ―島と人と生活と
上江洲均著　久米島・鳥島を軸に綴られた離島の民俗の諸相、『久米島の民俗文化』の続編ともいうべき遺稿論文集。　A5、238頁　定価2,750円（本体2,800円＋税）

沖縄学術研究双書⑫
ISBN978-4-89805-208-2 C0339
八重山の御嶽 ―自然と文化
李春子著　オールカラー図版による八重山の御嶽60選と解説からなるガイドブック。附として御嶽の樹種別植物誌と八重山村落絵図を集録。　A5、274頁　定価3,080円（本体2,800円＋税）

沖縄学術研究双書⑭
ISBN978-4-89805-219-8 C0339
トカラ列島の民話風土記
下野敏見著　琉球弧最北端の島々の今に生きている民話から島と人々の生活を描き出す。カラー挿画入り。　A5、273頁　定価2,750円（本体2,500円＋税）

1999年度東恩納寛惇賞受賞 ISBN978-4-947667-63-2 C3021

沖縄民俗文化論 —祭祀・信仰・御嶽

湧上元雄著　戦後の沖縄民俗学黎明期の旗手による珠玉の一巻全集。久高島・イザイホー／年中祭祀／民間信仰／御嶽祭祀と伝承／エッセイ他　菊判、上製、函入　584頁　定価16,500円（本体15,000円＋税）

琉球弧叢書⑧ ISBN978-4-947667-79-3 C1339

沖縄文化の拡がりと変貌

渡邊欣雄著　沖縄でのフィールドワーク 30 年を通し、民衆生活史を全アジア的視点から捉えた、独自の沖縄文化論。沖縄東海岸の東村の民俗と祭礼の変遷を通して文化の変貌をとらえていこうとする試みである。　350頁　定価6,380円（本体5,800円＋税）

琉球弧叢書⑩ ISBN978-4-89805-106-1 C1021

風水・暦・陰陽師 —中国文化の辺縁としての沖縄

三浦國雄著　中国の民衆文化としての風水や易占等が、いかにして沖縄の文化に取り入れられていったかを、久米島吉浜家文書・北谷金良宗邦文書の分析を通して鮮やかに描き出す。

250頁　定価4,950円（本体4,500円＋税）

琉球弧叢書⑪ ISBN978-4-89805-114-6 C1021

沖縄の民具と生活 —沖縄民俗誌Ｉ

上江洲均著　生活と密接な関係を持つ民具を通して、沖縄の人々の歴史や文化や生活習慣などを多角的に論究した好著。第36回（2008年度）伊波普猷賞受賞　298頁　定価5,280円（本体4,800円＋税）

琉球弧叢書⑬ ISBN978-4-89805-123-8 C1321

近世八重山の民衆生活史 — 石西礁湖をめぐる海と島々のネットワーク

得能壽美著　八重山古文書の解読を通して、礁湖を舞台とした通耕を軸とする近世八重山の島人の生活を活写。人頭税における粟納を論究。第27回（2005年度）比嘉春潮賞受賞

316頁　定価5,280円（本体4,800円＋税）

琉球弧叢書⑭ ISBN978-4-89805-124-5 C1339

久米島の民俗文化 —沖縄民俗誌II

上江洲均著　久米島の墓制あるいは島人の姓名、そして植物と島人との関わり等を、豊富な調査によって浮かび上がらせた島嶼民俗学の成果。第36回（2008年度）伊波普猷賞受賞

244頁　定価4,180円（本体3,800円＋税）

琉球弧叢書⑯ ISBN978-4-89805-127-6 C1339

沖縄の祭りと年中行事 —沖縄民俗誌III

上江洲均著　地域を映す鏡としての祭りと年中行事を分類・再構成し比較検討して、行事本来の意味や、分布状況などを解明。第36回（2008年度）伊波普猷賞受賞　248頁　定価4,180円（本体3,800円＋税）

琉球弧叢書㉑ ISBN978-4-89805-143-6 C1339

奄美沖縄の火葬と葬墓制 —変容と持続

加藤正春著　近代以降に外部から持ち込まれた火葬という葬法が、旧来の伝統的葬法の中にとりいれられていく過程を明らかにする。第32回金城朝永賞受賞　342頁　定価6,160円（本体5,600円＋税）

琉球弧叢書㉒ ISBN978-4-89805-144-3 C1339

沖縄の親族・信仰・祭祀 —社会人類学の視座から

比嘉政夫著　綿密なフィールドワークをもとに全アジア的視点から沖縄の親族構造を明らかにした遺稿論文集。　302頁　定価5,280円（本体4,800円＋税）

琉球弧叢書㉕ ISBN978-4-89805-155-9 C1339

八重山 鳩間島民俗誌

大城公男著　そこに生れ育った者ならではの眼から、瑠璃色の八重山の海に浮かぶ星屑のような人口60人の小さな島に住む人々の生業、芸能、祭祀などを詳細に記録する。

2012年度日本地名研究所風土文化研究賞受賞　438頁　定価7,040円（本体6,400円＋税）

琉球弧叢書㉜　ISBN978-4-89805-204-4 C1339

八重山離島の葬送儀礼

古谷野洋子著　過疎に泣く八重山の島々の葬送儀礼の変容と課題を追う。

A5、364頁　定価6,380円（本体5,800円＋税）

琉球弧叢書⑰　ISBN978-4-89805-128-3 C1321

琉球仏教史の研究

知名定寛著　琉球の仏教の態様を綿密に分析してその姿を明らかにし、500年前の琉球が仏教王国であったことを論証、琉球史研究の未踏の領域を切り開いた著書畢生の書。

460頁　定価7,040円（本体6,400円＋税）

琉球弧叢書㉟　ISBN978-4-89805-230-3 C1321

琉球沖縄仏教史

知名定寛著　新しい史料を探し出し、忘れられていた史料を再発掘し、社会の中に隠されていた仏教の影を浮かび上がらせる初の本格的琉球仏教通史！

A5、310頁　定価4,950円（本体4,500円＋税）

琉球弧叢書㉘　ISBN978-4-89805-160-3 C1314

沖縄社会とその宗教世界 —外来宗教・スピリチュアリティ・地域振興

吉野航一著　急速に都市化していく沖縄社会の中に外来の宗教がどの様な形で入りこみ、土着化してきたのかを詳細に分析。

376頁　定価6,600円（本体6,000円＋税）

琉球弧叢書㉙　ISBN978-4-89805-182-5 C1339

サンゴ礁域に生きる海人 —琉球の海の生態民族学

秋道智彌著　サンゴ礁という特別な生態系の中で生きる人々の自然と生活との対話を豊富なデータをもとに描き出した海の民族学。第44回（2016年度）伊波普猷賞受賞

376頁　定価7,040円（本体6,400円＋税）

琉球弧叢書㉛　ISBN978-4-89805-201-3 C1339

八重山・祭りの源流 —シチとプール・キツガン

大城公男著　八重山の多彩な祭りの核をなすシチとプール・キツガンの相関関係と歴史的な流れを解明し、祭りの源流を明らかにする。

350頁　定価6,380円（本体5,800円＋税）

琉球弧叢書㉗　ISBN978-4-89805-159-7 C1373

歌三絃往来 —三絃音楽の伝播と上方芸能の形成

小島瓔禮著　三絃が中国から琉球、そして大和と、どの様に伝わっていったのかを文字資料・伝統芸能・伝承等を分析して開示し、沖縄芸能史にとどまらず大和の芸能史にも大きな問いを発した畢生の書。

350頁　定価6,380円（本体5,800円＋税）

がじゅまるブックス③　ISBN978-4-89805-162-7 C0321

琉球王権の源流

谷川健一「琉球国王の出自」をめぐって
折口信夫　琉球国王の出自

谷口健一編　琉球第一尚氏王朝成立のナゾに挑んだ折口信夫が『南東論叢』（昭和12）に発表した論稿に、谷口健一が近年の新しい発見と知見をもとに呼応する!!　谷口信夫の論考は読みやすい現代文に改めた。

108頁　定価990円（本体900円＋税）

ISBN978-4-89805-211-2 C0072

長見有方写真集 御嶽巡歴

長見有方著・岡谷公二序文　沖縄本島から宮古・八重山までの御嶽の森の静寂と清涼の聖空間を写し撮ったこれまでにない写真集。

23×29　上製、112頁　定価2,970円（本体2,700円＋税）